Peter Neugebauer

Zeus Weinsteins Abenteuer

50 rätselhafte Kriminalfälle

Rasch und Röhring Verlag
Hamburg–Zürich

CIP-Kurztitelaufnahme der Deutschen Bibliothek

Neugebauer, Peter:
Zeus Weinsteins Abenteuer: 50 rätselhafte Kriminal-
fälle/Peter Neugebauer. — Hamburg; Zürich:
Rasch und Röhring, 1986.
ISBN 3-89136-063-0

Einbandgestaltung: Studio Reisenberger
Gesetzt aus der Times-Antiqua
Lithographie: Albert Bauer KG, Hamburg
Satzherstellung: alphabeta Gerds & Kohn GmbH, Hamburg
Druck- und Bindearbeiten: Druckhaus Cramer, Greven
Printed in Germany

Inhalt

Vorwort

Lieber Peter Neugebauer,

Sie wußten ja genau, daß ich schon ein winziges Gläslein getrunken hatte, als Sie mich vor ein paar Wochen beim Mittagessen um ein Vorwort zu Ihrem Weinstein-Buch baten. Weil Sie aber selbst auch an einem Gläslein genippt hatten, nahm ich Ihren Antrag zwar nicht ernst, aber an. Wann wird denn schon einem ausgedienten Radio- und Fernseh-Entertainer ein solch ehrender Antrag zuteil? Genau: so gut wie nie. Und jetzt sitzen wir da: ohne Vorwort. Aber um eine wertvolle Erfahrung reicher: Man soll auch nicht am kleinsten Gläschen nippen, weil: Man nippt sich da meistens irgendwie in Verlegenheit. Zum Beispiel: ein leichtfertig zugesagtes Vorwort für irgendwas nicht liefern zu können.
Aber sagen Sie doch mal selbst und ehrlich: Was sollen eigentlich Vorworte in Büchern? Sollen sie erklären, was der Autor (oder gar Dichter) sich gedacht oder gewollt hat oder gewollt haben könnte? Wenn das Buch selbst das nicht klarmacht, warum hat man es dann gedruckt? Ist doch klar. Oder ist der Vorwortschreiber ein Bildungsprotz und will nur zeigen, was er schon alles gelesen hat, und vergleicht das Buch mit anderen Büchern und deckt auf, wo der Autor womöglich abgeschrieben hat und wodurch er beeinflußt wurde?
Wie sollte so was im Fall Weinstein funktionieren? Vergleichen womit, da es ja doch nichts Vergleichbares gibt! Und was kann Sie schon beeinflußt haben, außer Ihrer verschrobenen Phantasie? (Und vielleicht der Wunsch, eines Tages selbst ein perfektes Verbrechen zu begehen.) Weinstein und Samson, dazu Ihre Cartoons — ach was, Cartoons, Gemälde! — sind so originale Erfindungen, daß es bisher noch keiner gewagt hat, sie oder besser Sie zu kopieren. Nicht einmal fälschen könnte man die Dinger.
Die »stern«-Serie hat in meinen Augen einen Nachteil: Die Texte sind zu kurz und verbergen Ihr wahres Talent als Geschichtenschreiber. (Viele Leute halten Sie nur für einen Schwerverbrecher, der aus der Schule plaudert.) Darum finde ich es ganz prima von mir, Sie damals dazu überredet zu haben, Weinstein-Geschichten fürs Radio zu schreiben. Mindestens zwanzig Minuten lang und vom einäugigen Saul Samson erzählen zu lassen. (Ein einäugiger Detektiv! Ich bitte Sie, wem fällt so was schon ein? Und: Wer ist eigentlich auf die Idee gekommen, den Saul Samson vom Schauspieler Gert Haucke sprechen zu lassen? Ein seltener Glücksfall.) Kurz und gut: Diese Radiosendungen haben erst so richtig er-

kennen lassen, daß Sie vielleicht sogar ein Schriftsteller sind. (Wer Ihr Buch über Ludwig II. kennt, muß diesen Verdacht spätestens dann bekommen haben.)
Und jetzt kommt das Schärfste, was Ihnen, Weinstein und Samson passieren kann. Ich werde nicht ruhen, bis es gelungen ist, die richtige Form für eine Fernsehversion von Weinstein zu finden und das Gefundene dann einer deutschen Fernsehstation als Kriminal-Preisrätsel-Serie anzudrehen. Erster Preis: ein Exemplar dieses Buches; zweiter Preis: zwei Exemplare dieses Buches und so weiter und so fort. Das macht Auflagen.
Also: Wir vergessen diesen Blödsinn mit dem Vorwort und nippen lieber demnächst mal wieder an einem Gläschen.

Ihr
Henri Regnier

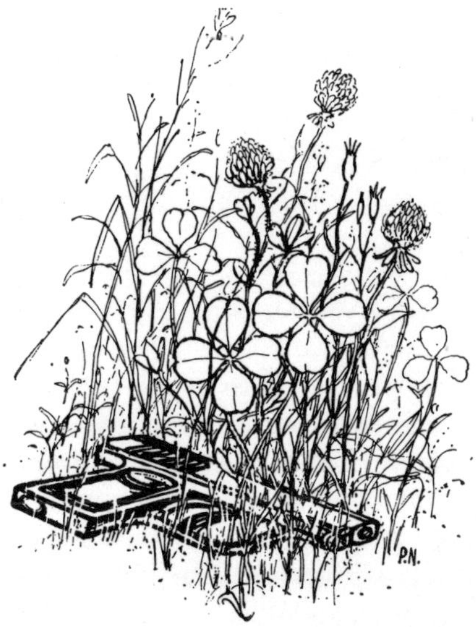

Saisonbeginn

Mein treusorgender Chef besitzt die außerordentliche Güte, mich auf einen Kurzurlaub mitzunehmen — auf eine Nordseeinsel, um Sauerstoff zu tanken, wie er sagt. Ganz nebenbei darf ich von dort aus unsere Geschäftskorrespondenz erledigen, was ich ebensogut im Büro hätte machen können. Sei's drum — die Sonne scheint, und am Nachmittag inhalieren wir am Strand mit Inbrunst den erwähnten Sauerstoff. Die Harmonie des Frühlingstages wird jäh gestört, als sich hinter uns eine männliche Stimme erhebt. »Ist's denn möglich«, tönt sie fragend, »sind Sie nicht Zeus Weinstein, der prominente Detektiv...?« — »Ich bin's«, entgegnet zusammenfahrend der Angesprochene, und wir wenden uns um. In den Dünen steht ein Herr, nur mit Hut und Badehose bekleidet. Er stellt sich vor: »Breuninger, Edgar Breuninger. Ich bitte um eine Auskunft.« Herr Breuninger greift zur Kopfbedeckung und zieht einen Fetzen Papier aus dem Hutband, einen Zeitungsausschnitt.

»Es handelt sich um meine Tante«, erklärt er, nachdem wir den Artikel gelesen haben. »Wissen Sie Näheres?« Wir sehen uns an. Wir wissen Näheres. Die Tante ist inzwischen ermordet worden. Just an diesem Vormittag, als die Nachricht von dem Einbruch gerade in der Mittagszeitung stand. — »Wann sind Sie an den Strand gegangen, Herr Breuninger?« fragt Weinstein. Breuninger zögert. »So gegen 9 Uhr — warum?« — »War sicherlich noch reichlich kühl, oder?« — »Ziemlich, aber ich bin abgehärtet.«

Schweigen. Ich weiß, was Weinstein denkt. Er denkt daran, daß der Tod der alten Dame so um 10 Uhr eingetreten ist. »Hat Sie jemand hier gesehen?« fragt er. Breuninger zieht die Stirn in Falten. »Tja, hm — warten Sie mal. Ach natürlich — ich hätte ja sonst nichts von dem Raub erfahren. Ich war eigentlich die ganze Zeit allein hier, nur mittags erschien ein weibliches Wesen, sonnte sich ein Stündchen dahinten in den Dünen, verschwand wieder und ließ eine Zeitung liegen. Als es mir irgendwann zu langweilig wurde, holte ich sie mir, stieß auf den Artikel, hob den Ausschnitt auf — na ja, und traf dann ausgerechnet auf Sie, Herr Weinstein. Was soll die Fragerei? Das klingt ja wie ein Verhör!« — »Ist auch eins«, murmelt Weinstein und studiert zum zweitenmal den Zeitungsausschnitt. »Ziehen Sie Ihre Sachen an, und kommen Sie mit, das Weitere werden wir schon sehen.« — »Ich habe sonst nichts bei mir, ich bin so hierhergekommen«, sagt Breuninger.

Wir traben los, und Weinstein bringt die Angelegenheit rasch zu einem guten Ende, wie auch kaum anders zu erwarten war.

Der Mensch hatte keineswegs den ganzen Vormittag am Strand verbracht, sondern zur fraglichen Zeit in aller See-

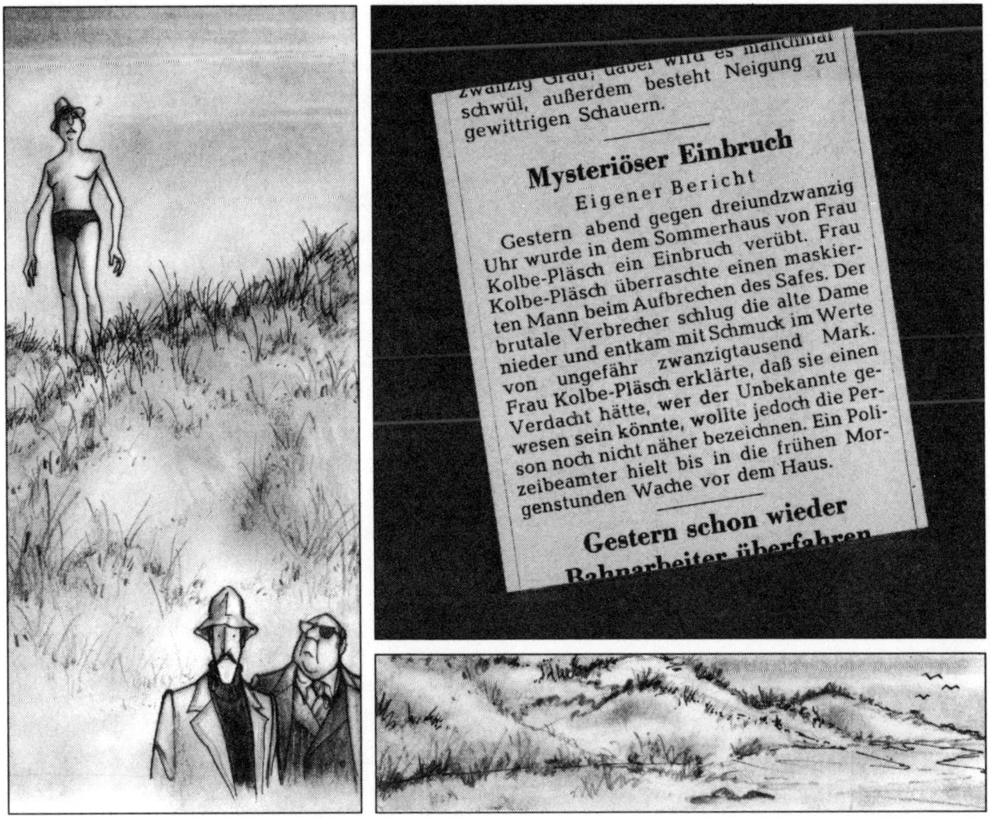

Probleme selbst in aller Einsamkeit: ein wißbegieriger Mensch und ein Zeitungsausschnitt.

lenruhe seine Tante gemeuchelt. Seltsam. Rechnete er damit, Zeus Weinstein zu begegnen? Schleppte er deshalb den Ausschnitt mit sich herum, um sich verlogen nach dem Einbruch zu erkundigen? Wer weiß. Man begegnet in diesem Beruf immer wieder den wunderlichsten Typen.

Was beweist, daß Breuninger gelogen hatte?

Spezialitäten

Kommissar Musfeldt stürzt Weinsteins edlen Cognac achtlos hinunter und grunzt: »Das war nötig. Tja, also ...«
Du lieber Himmel! Der Mensch will wieder eine seiner Geschichten loswerden. Der Chef seufzt, schenkt ihm erneut ein und sagt, er möge loslegen, wenn's denn unbedingt sein müsse. Es muß sein.
»Sie beide haben sicherlich von dem Toten in dem Ölfaß gehört, das man gestern aus einem Kanal gefischt hat.« Wir nicken. »Das Opfer hieß Otmar Stieglitz. Besitzer mehrerer Bars. Ich würde sie eher Puffs nennen. Egal — der Bursche mischte kräftig in der hiesigen Unterwelt mit, und die guckt sich ja so manches von der Mafia ab, macht sozusagen auf Weltniveau: einzementierte Herrschaften in Ölfässern und so weiter. Doch zur Sache — Otmars Freundin namens Karen Blank hat die zwei Burschen gesehen, die Otmar abgeholt haben. Sie kamen vorgestern nachmittag in die Bar und sagten: ›Der Boß will dich sprechen!‹ Die Bar war leer, und Karen saß unbemerkt im Hinterzimmer. Otmar schien arglos zu sein, meinte sie, er ging nach oben in die Wohnung, um seinen Mantel zu holen. Während er weg war, hörte Karen einen der Typen sagen: ›Das Baugelände an der Dammstraße. Der Boß kommt auch.‹ Daraufhin trabte Otmar wieder an, und sie zogen mit ihm ab. Daß Otmar am Abend und in der Nacht nicht in Erscheinung trat, bekümmerte die Dame nicht. Das passierte oft.«
Musfeldt fixiert starren Blicks sein leeres Glas. Der Chef schenkt ein. »Also, die Dame meldete sich auf der Stelle bei uns, als heute früh die Zeitungen den Knüller mit dem feingekleideten Herrn im Ölfaß und eine Personenbeschreibung brachten. Am Mittag standen Karen Blank und zwei Beamte auf dem verlassenen Baugelände am besagten Kanal. Spuren waren nicht auszumachen. Aber ein paar leere Ölfässer lagen da rum.« — »Ich würde die Dame nicht ständig mit euch durch die Gegend schleppen«, rate ich. — »Wär jetzt auch 'n bißchen lästig, Samson«, ächzt Musfeldt. »Sie ist nämlich tot.« Der Chef schenkt nunmehr uns allen ein.
»Ich will's kurz machen«, brummelt Musfeldt. »Karen Blank besaß ein kleines italienisches Spezialitäten-Restaurant. Da ist sie gegen 19 Uhr in ihrem Büro erschossen worden. Wir ahnen auch, wer's war. Ein Berufskiller. Der speiste dort in aller Gemütsruhe zu Abend. Wir hatten einen Trottel von Beamten im Lokal sitzen, und der fragte sich in einem fort: ›Den Kerl dahinten in der Ecke, den kennst du doch? Der kommt dir doch irgendwie bekannt vor?‹ Erst als es zu spät war, identifizierte der Idiot den Kerl, trotz dessen ungewohnter Hornbrille und einem schwarzen Schnurrbart, als eben jenen aktenkundigen Killer.«

Die Frau ahnt, daß man hier ihren Freund ermordet hat, nicht, daß sie selber bald sterben wird.

»Beweise?« fragt der Chef. Musfeldt zuckt mit den Achseln: »Der Killer stand nach der Mahlzeit auf, fragte den Kellner nach der Toilette, der öffnete ihm die Tür zum Gang, und der Verdächtige ward nicht mehr gesehen. Das Büro liegt im hinteren Trakt des Hauses, der Mörder muß den Weg gekannt, seine Arbeit erledigt — Pistole mit Schalldämpfer — und darauf das Gebäude über den Hof verlassen haben. Ein Mädchen vom Küchenpersonal fand die tote Karen Blank eine Viertelstunde später. Andere Gäste waren nicht anwesend gewesen, und so schloß unser Beamter das Lokal und paßte auf, daß sich niemand an dem noch nicht abgeräumten Tisch zu schaffen machte, an dem der Verdächtige gegessen hatte.« — »Und?« frage ich. — »Keine Spur, keine Beweise«, stöhnt der Kommissar. »Nicht ein Fingerabdruck, nirgends, weder am Geschirr oder Besteck noch sonstwo, keine persönlichen Dinge, noch nicht mal 'ne Streichholzschachtel oder eine Kippe im Aschenbecher.« — »Ein Mantel?« — »Kein Mantel«, antwortet Musfeldt dem Chef. »Gezahlt hat der Kerl auch nicht. Und nachher ist er vielleicht noch nicht mal der Mörder. Wie will man beweisen, daß er vorsätzlich den Mord geplant und begangen hat? Es kann ja irgend jemand anders das Gebäude durch die Hintertür betreten haben. Ein falscher Schnurrbart beweist gar nichts.« — »Aber ein gewisser Umstand läßt stark darauf schließen, daß es nur dieser Bursche gewesen sein kann«, sagt Weinstein im Brustton der Überzeugung.

Welcher Umstand ist gemeint?

Ein feiner Klub

Kommissar Walter Musfeldt räkelt sich in Weinsteins Sessel, nimmt einen Schluck von seinem Rotwein und grunzt: »Morgen lassen wir die Gesellschaft hochgehen. Die Sache ist ja eigentlich nicht mein Bier, aber die Dreckskerle haben Heinrich, einen V-Mann von uns, fertiggemacht. Der hatte nämlich fleißig Material über den ›Power-Klub‹, so der Name der Bande, gesammelt. Und was das Beste ist, er hatte die brisanten Notizen bei sich, als wir ihn heute morgen fanden.« — »Wollen Sie sagen, Musfeldt, daß die Typen ihn nicht gefilzt haben?« frage ich. — »Klar haben die ihn gefilzt, Samson. Aber Heinrich hatte eine Rätselzeitung mit vielen ausgefüllten Kreuzworträtseln in der Tasche. Lediglich einige davon waren bloß zur Hälfte ausgefüllt worden, und bei näherem Hinsehen hatten die Eintragungen überhaupt nichts mit den Rätseln zu tun. Sie hatten was mit der Bande zu tun. Und Heinrich wollte auch noch witzig sein, mit seinen verklausulierten Angaben. Armer Kerl. Es war sein letzter Witz.«

Musfeldt schaut den Chef und mich erwartungsvoll an. Keine Frage, daß er uns jetzt lang und breit die ganze Geschichte auftischen und von seinem ungeheuren Scharfsinn erzählen möchte und auf eine freundliche Aufforderung lauert. Weinstein gähnt ostentativ. Ich sage weniger ermunternd: »Soso« und blättere in einer Akte. Musfeldt spielt seinen letzten Trumpf aus. »Ich habe die Botschaft in knapp dreißig Minuten enträtselt und weiß nun, wer wer ist in diesem feinen Klub. In knapp dreißig Minuten!« — Der Chef lächelt süffisant. Nur ich Rindvieh tappe in die Falle und sage: »Dann schaff' ich's in zwei Minuten. In höchstens zwei Minuten.« Musfeldt hat gewonnen. Er holt seine abgegriffene Brieftasche hervor.

Die Eintragungen aus den bewußten Kreuzworträtseln hat man sauber und ordentlich auf einen Bogen Papier getippt, den Musfeldt uns schmunzelnd auf den Tisch legt. Der Chef und ich lesen: »Die Hauptmacker des ›Klubs‹ sind: Chicken-Schulz, Hans der Hunne, Carlo und Power-Paul.

A: Die Schwester von Hans dem Hunnen und der Vetter von dem Boß der Bande sind notorische Warenhausdiebe. Ein anderer von den oben Genannten ist ein gelernter Automechaniker, der die Motorräder und sonstigen Fahrzeuge des ›Klubs‹ betreut. Dessen Schwester ist die langjährige Freundin des Bandenführers.

B: Obwohl Chicken-Schulz blind wie ein Maulwurf und nur Beifahrer ist, preisen er und der Mechaniker den Power-Paul als besten Pistolenschützen der Stadt.

C: Vor zirka zwei Wochen schleppte Power-Paul zwei Dealer aus Frankfurt an und schlug dem Boß und dem Mechaniker vor, die beiden in den ›Klub‹

V-Mann Heinrich war passionierter Rätselrater und ein gründlicher Schnüffler — zu gründlich.

aufzunehmen. Der Bandenführer lehnte ab.«
Weinstein gähnt abermals und guckt mich von der Seite an; Musfeldt guckt auf seine Uhr und lehnt sich abwartend in seinem Sessel zurück. Muß ich lange überlegen? Ich muß nicht, und schon gar nicht zwei Minuten lang. »Also, der Boß der Bande ist . . .«, sage ich. »Und der Mechaniker heißt . . .«

Wie heißen die zwei Männer?

Ein Zwergen-Mord

Der greisenhafte Kopf und der winzige Oberkörper sind vornüber auf die Schreibtischplatte gesackt, zwischen den Schulterblättern steckt tief ein Pfeil. Titus Maximus, der Präsident der Liliputaner-Organisation »Dinosaurus«, ist auf schreckliche Weise ermordet worden.

»Er war der Größte«, fiept ein zweiter Liliputaner an unserer Seite.

»Wie man's nimmt«, meint Zeus Weinstein kühl und gibt mir einen Wink. »Nein, Samson, knipsen Sie die Lampe noch nicht an. Wir wollen die Szenerie studieren, wie wir sie vorgefunden haben. Sie sind also der Vizepräsident Ihrer — äh — Genossenschaft, Herr Ursus?« erkundigt er sich.

»Richtig«, quäkt die Fistelstimme. »Meine Herren, ich sage Ihnen, die Halunken von ›Gigantia‹ haben ihn gekillt . . .«

»Samson, das nebenbei«, unterbricht Weinstein ungerührt, »›Dinosaurus‹ und ›Gigantia‹ sind zwei rivalisierende Konkurrenzunternehmen, die im Variétégewerbe von kleinwüchsigen Künstlern sogenannte Versicherungsgebühren kassieren. Außerdem erpreßt diese Minimafia diverse Vereine von Kleintierzüchtern. Ich denke da an die 28 gemeuchelten preisgekrönten Kaninchenböcke auf der letzten Ausstellung.«

Herr Ursus rudert mit den Ärmchen. Er bezichtigt Carlos Collossus der Tat, den Chef von »Gigantia«, der früher mit ihm zusammen in einer Wildwestschau im Zirkus aufgetreten ist.

»Da haben wir beide das Bogenschießen erlernt, Herr Weinstein.

Aber zur Sache. Heute abend besuchte ich Titus, um ihm zu raten, sich vor Collossus in acht zu nehmen, eine Leibgarde anzuheuern und das Haus zu verbarrikadieren. Als ich ging, saß er auf seinem Platz vor dem geöffneten Fenster, nur die Schreibtischlampe brannte. Im Garten guckte ich noch mal zum Fenster hinauf, dann fiel mein Blick auf den Baum davor. Ich entdeckte im Gewirr der Äste eine dunkle Gestalt. Ich schrie: ›Titus! Gefahr! Licht aus!‹ Das Licht erlosch; im selben Moment hörte ich den gräßlichen Todesschrei — alles im Bruchteil von Sekunden. Der Schuft hatte wohl schon gezielt. Meine Warnung kam zu spät.« — »Sie türmten und kamen sofort zu mir«, ergänzt Weinstein knurrend, »und ließen die Polizei angeblich aus dem Spiel, weil Sie keinen unnötigen Wirbel machen wollten. Das waren Ihre Worte, als wir gemeinsam hier am Tatort auftauchten. Sie halten mich für dümmer als die Polizei, aber sogar die hätte Ihnen das Lügenmärchen nicht abgenommen. Samson, pakken Sie den Mörder ein, wir nehmen ihn gleich mit.«

Herr Ursus ist erregt. » Vor dem offenen Fenster bot der Arme ein ideales Ziel. Vielleicht hätte der Mörder ihn auch bei Mondlicht treffen können, aber vorhin war es noch gelegentlich bewölkt. «

Welche Tatsache widerspricht der Aussage des Liliputaners?

Die Leiche auf der langen Bahn

Wenn Zeus Weinstein sagt: »Samson, es ist so ein herrliches Wetter, lassen Sie uns das Problem beim Golf besprechen«, dann bedeutet dies, daß nichts besprochen wird und ich die Tasche mit den Schlägern tragen muß. — »Ein tadelloser Schlag«, lobt sich der Chef bescheiden, und wir zuckeln weiter über den kleinen Hügel, um den Ball zu suchen. Als wir hinter einem Gebüsch hervorkommen und die lange Bahn vor uns liegt, erstarrt der Sportsmann jäh zur Salzsäule. »Um Himmels willen, Musfeldt!« donnert Weinstein. »Lassen Sie den Ball dort, wo er ist!« Der verdutzte Beamte der Mordkommission fährt zusammen. »Ausgerechnet Sie müssen hier wieder aufkreuzen!« japst der verzweifelt. Der Ball liegt zirka dreißig Zentimeter neben dem Kopf eines Herrn Heino Runknase, der mausetot ist. »Die Kugel, die den da getroffen hat, war sehr viel kleiner — aber wesentlich wirkungsvoller«, erklärt Kommissar Musfeldt und schielt nach meinem dunkelgetönten Brillenglas. Dieses Malheur passierte vor Jahren. Weinstein hatte damals mit einem glänzenden Abschlag den Ball in ein Strauchwerk getrieben, in dem ich zufälligerweise gerade stand. Eine Blondine glubscht den Meister bewundernd an. »Sie sind der berühmte Detektiv?« fragt sie. »Welch Glücksfall, daß gerade Sie hier vorbeispielen!« Weinstein setzt sein charmantes Lächeln auf. — »Machen Sie weiter, es wird bald dunkel«, fordert uns Musfeldt auf. »Wo drückt der Schuh, Gnädigste?« säuselt Weinstein. »Ich heiße Leila Lehaar«, zirpt die Person, »und bin die, äh, Bekannte von Heino, von Herrn Runknase. Gewesen, natürlich gewesen. Ach Gott, eben noch saßen wir gemütlich vor dem Fernseher — in der Villa da —, und Heino erhob sich mal kurz und trat ans Fenster. Im selben Moment stieß er einen Wutschrei aus, riß die Verandatür auf und jagte in langen Sätzen hier auf den Golfplatz. Ich konnte vom Fenster deutlich zwei Gestalten in dunklen Mänteln und großen Hüten erkennen. Heino redete wild auf einen der beiden ein und packte dessen Arm. Da zog der andere eine Waffe und schoß. Heino taumelte und stürzte zu Boden. Die Männer rannten weg, und ich hörte in der Ferne ein Auto abfahren. Ich traute mich nicht mehr hinaus und rief die Polizei.« Musfeldt macht eine Kopfbewegung zum Haus hin. »Man kann den Tatort von dort aus bestens einsehen. Na, Weinstein, Sie wissen doch, der gute Runknase war der Besitzer einer Kette von Feudalbordellen. Als Auswärtiger hatte er schon immer Ärger mit der hiesigen Konkurrenz. Die Unterwelt hat so ihre eigenen Methoden.« Weinstein macht seinen Schlag. »Wenn Sie die werte Dame mit dazurechnen, haben Sie recht. Sie hat gelogen und ihren „Bekannten“ wahrscheinlich selbst umgelegt.«

»Ein Glück, daß der Ball nicht auf dem Toten gelandet ist«, meint Weinstein, »dann wäre es schwierig gewesen, einen guten Schlag zu machen. Übrigens, der Fall ist gelöst, Kommissar.«

Welcher Umstand widerspricht der Aussage der Dame?

Ein Kunstfehler

Herr Gernot Nassenfels zeigt auf den Telefonapparat. »Vor einer Stunde riefen die Gangster an. Die Kerle sind einverstanden, daß Sie, Herr Weinstein und Herr Samson, in der Angelegenheit vermitteln. Die Polizei soll ich da raushalten – sonst würde ich meinen Chauffeur Albert und meine Bilder nicht wiedersehen. Albert finden Sie irgendwo vor der Stadt auf einer Mülldeponie oder so was. Ich hab's notiert. Den Preis für meinen Corot und den Monet erfahre ich später.«
»Ein Corot und ein Monet – ein Millionenwert«, murmelt Weinstein. »Die Kunstwerke sind natürlich hoch versichert?« – »Selbstverständlich! Aber mir kommt's auf die Bilder an. Mein Gott, was sind das für Zeiten ...« – »Also, Herr Nassenfels, die beiden maskierten Männer drangen gegen 2 Uhr nachts hier in Ihr Haus ein, in dem Sie bis auf Albert und eine Hausdame allein leben, bedrohten Sie und den Chauffeur mit einer Schußwaffe, nahmen die beiden Bilder von der Wand ...« – »... und Albert als Geisel, damit ich nicht die Polizei alarmieren würde. Ich dachte sofort an Sie, Herr Weinstein, und als sich dann die Gangster meldeten, schlug ich Sie als Unterhändler vor.« Es ist 4 Uhr 30. Es dämmert bereits. Weinstein entfaltet einen Stadtplan. »Jetzt sehen wir erst mal nach Ihrem Chauffeur.«
Der sitzt gefesselt und geknebelt in einer

Herr Nassenfels! Wir
verlagen für den
Corot und den Manet
den Vorzugspreis
von 62o ooo DM. Bedx
Nähere Bedingungen
und den Ort der Über-
gabe erfahren Sie noch.

Die Forderung

ausgedienten Badewanne inmitten von Unrat. »Nee, die zwei kann ich nicht näher beschreiben, die haben ihre Masken nie abgenommen«, erzählt er später bei Herrn Nassenfels. »Sie schleppten mich in ihren Wagen und fuhren schnurstracks zu dieser Müllhalde. Viel miteinander gesprochen haben sie auch nicht. Nur im Wagen stritten sie sich darum, wieviel Geld sie für die Bilder nehmen sollten. ›'ne runde Million‹, sagte der eine. ›Zuviel‹, sagte der andere, ›das zahlt ihm vielleicht die Versicherung nicht.‹ – ›Der hat Zaster, und fanatischen Sammlern ist alles egal.‹ – ›Denk dran, daß wir die Bilder momentan nirgends anbieten können und Jahre warten müssen.‹ – ›Also gut, 'ne halbe Million!‹ – ›Das ist nun wieder zuwenig!‹ – ›750 000.‹ – ›620 000.‹ – ›O.k. Verlangen wir 620 000!‹ So ungefähr verlief das Gespräch. Der eine hat Ihnen das Lösegeld aufgeschrieben, Herr Nas-

Das wertloseste Stück der Beute landete gleich auf dem Müll: Albert, der unglückliche Chauffeur.

senfels. Nachdem sie mich gebunden und geknebelt hatten, steckte er mir den Zettel in die Brusttasche. Hier, bitte . . .« Wir studieren die Botschaft. »Viel Ahnung von Kunstschätzen scheinen die nicht zu haben«, sagt Nassenfels. ». . . und davon, wie man so einen Coup aufzieht, auch nicht«, meint Weinstein und blickt nachdenklich, aber entschlossen auf Albert. »Ich habe den leisen Verdacht, daß Sie der Anstifter sind.«

Was bringt Weinstein auf diese Idee?

Der kleine Unterschied

»Wenn es Sie beruhigt, liebe Frau Doktor«, sagt Weinstein, »dann schauen wir bei dem Professor vorbei. Aber warum rufen Sie ihn nicht selber an?« Frau Dr. Tiefgrund am anderen Ende der Leitung tut kund, daß der Professor sein Telefon häufig abzustellen pflege. »Ich habe es versucht, aber vergebens«, sagt sie. »Hören Sie, Herr Weinstein, Knorrhahn weiß, wo er wohnt. Und wir wissen, daß er den Professor umbringen wird, wenn es Knorrhahn gelingt, an ihn heranzukommen. Unsere Anstalt hier ist zwar einige Autostunden von dem Haus des Professors entfernt. Aber Knorrhahn ist bereits heute früh entflohen und vielleicht per Anhalter gefahren — der Mann kann sich höchst normal und gesittet aufführen. In seinem Verfolgungswahn hat er bereits drei Menschen ermordet — erwürgt, erschlagen und, äh —, die dritte Methode ist mir entfallen. Er haßt Professor Lustgarten.« — »Wir werden es nicht zu einer Erprobung der vierten Methode kommen lassen«, verspricht mein Chef, »übrigens, wie war es ihm möglich auszubrechen? Ist er aus dem Fenster geklettert?« — »Das wissen wir nicht«, seufzt Frau Dr. Tiefgrund.

»Zu dumm, Samson«, murmelt Weinstein unterwegs, »ich habe keinen blassen Schimmer, wie der Professor aussieht.« — »Sie werden ihn schon von einem Verrückten unterscheiden können, Chef«, versichere ich. — »Meinen Sie, Samson? Das ist heutzutage kein Kinderspiel.«

Es dämmert, als wir vor dem Heim des Professors ankommen. Im Parterre brennt Licht. Wir marschieren durch den düsteren Garten und läuten an der Haustür. Ein sympathisch wirkender Herr im Kittel starrt uns entgeistert durch seine Brille an, als kämen wir vom Mond. »Professor Lustgarten?« frage ich, und er nickt. Weinstein räuspert sich und bestellt Grüße von Frau Dr. Tiefgrund. »Ah«, lispelt der Professor erfreut, »treten Sie ein.« Ehe uns der Hausherr ins Wohnzimmer bittet, begleiten wir ihn ins Labor, wo er seinen Bunsenbrenner abschalten möchte. Dann interessiert sich Weinstein brennend für das Haus, erwähnt aber den bedrohlichen Knorrhahn nicht. Wir besichtigen die Bibliothek und die Sammlung von afrikanischen Holzplastiken, Arbeitszimmer und Schlafzimmer im ersten Stock, Küche, Bad und eine kleine Werkstatt auf dem Dachboden — nur den Keller nicht. Und genau dort entdecken wir später den richtigen Professor, lädiert, aber lebendig. Vorher hatte Weinstein die gemeingefährliche Imitation auf dem Flur blitzschnell gepackt, in eine Kammer gestoßen, die Tür zugeworfen und abgeschlossen. Ich war selber überrascht. Tatsächlich, es ist kein Kinderspiel, heutzutage einen Verrückten von einem normalen Mitbürger zu unterscheiden.

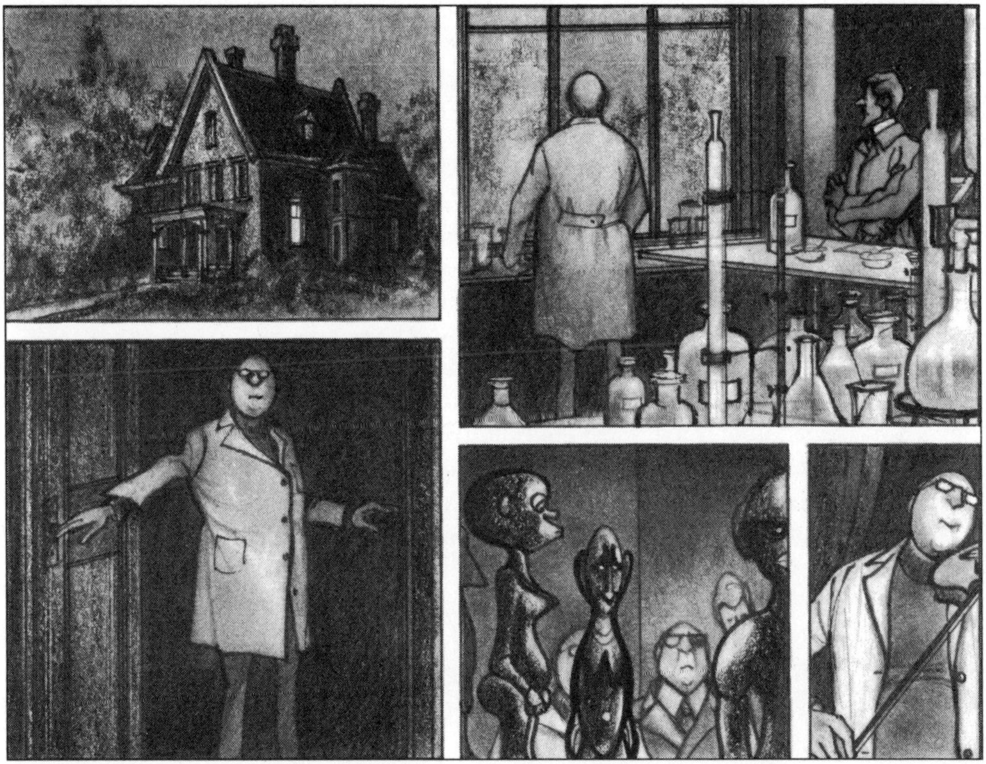

Ein rätselvolles Haus. Liebenswürdig führt der einsame Bewohner seine Gäste herum, um ihnen die Räumlichkeiten zu zeigen. Außerdem spielt er ihnen etwas vor. In jeder Hinsicht.

Woran stellte Weinstein fest, daß er den Entflohenen vor sich hatte?

Ein harmloser Sittenstrolch

(Straßenlärm: Autos, Busse im Hintergrund)
Samson: Ich lehne am Fenster und beäuge durch meinen Feldstecher das rundliche, unrasierte Individuum im Regenmantel auf der anderen Straßenseite. Das Individuum bietet aus einem Pappkarton allerliebste Rosensträußchen feil, Bund zu einer Mark zwanzig, also ziemlich preiswert — genau gesagt, viel zu billig. Dreißig Sträußchen waren's, als ich unlängst das Glas auf das Individuum richtete, jetzt sind's nur noch wenige; die Dinger gehen weg wie warme Semmeln. Ich befinde mich in einem leeren Büroraum, direkt über dem Juwelierladen unseres Klienten Beatus Blechmann. Blechmann hegt Argwohn; berechtigten vielleicht. »Ich hege Argwohn«, sagte er gestern zu meinem Chef, Zeus Weinstein, »daß man mein Geschäft ausspioniert. Es lungern mir an der gegenüberliegenden Straßenecke zuviel ›unauffällige‹ Subjekte herum.« — »Oh, là, là«, entgegnete der große Detektiv, »für derlei Kroppzeug ist mein unersetzlicher Saul Samson zuständig; ein Spezialist für Kroppzeug und Subjekte. Er wird sein eines und einziges Auge schweifen lassen.« Der Unersetzliche versprach, alles nach Herzenslust schweifen zu lassen, was er schweifen lassen könne, ausgenommen seinen rechten Fuß, dessen obligatorische Funktion eine leichte Verstauchung beeinträchtigt. Dieser geringfügige Umstand würde das behende Verfolgen der zweifelhaften Subjekte ein klein wenig erschweren. Und so geschah es, nach langem Hin und Her, daß ein gewisses Fräulein Hülsebusch, Heidi Hülsebusch, von der Detektei Dewitz und Dewitz an den geehrten Kollegen Weinstein ausgeliehen und mir zur Seite gestellt wurde. »Flink wie ein Wiesel«, hatte Herr Dewitz jr. seine Volontärin gepriesen und den horrenden Stundenlohn genannt. Tja, weiß Gott — sie wurde mir zur Seite gestellt, im wahrsten Sinne des Wor-

tes. Jetzt klebt sie an meiner Rechten, mampft ein Butterbrot — ihr viertes bereits — und deutet aus dem Fenster:

Frl. Hülsebusch: *(kaut, spricht mit vollem Mund)*

. . . Hm, also der Typ da, der mit den Rosen, das is'n Killer, oder was? Sieht gar nich' so aus.

Samson: Ich schlage mein schweifendes Auge gen Himmel und erkläre der Dame ruhig, ganz ruhig, daß der Typ da sicherlich kein Killer, sondern möglicherweise — möglicherweise — ein schlichter Ganove, wie ein jeder zweite, anständige Staatsbürger, sei; ein Mensch wie du und ich, der nichts weiter als seine roten Röschen verkaufen und eventuell — eventuell — in das Juweliergeschäft Blechmann einbrechen wolle. Daher müsse er achtsam beschattet und auch sein Umgang strengstens unter die Lupe genommen werden, und zu diesem Behuf scharre sie, Fräulein Hülsenrohr, in den Startlöchern . . .

Frl. Hülsebusch: Hülsebusch, Herr Samson, Hülsebusch; wo scharre ich? *(Beißt ab)* Hm, ja, beschatten, hm — kenn' ich aus'm Kino, . . . find' ich dufte, . . . hm, Moment, da fällt mir ein, können Sie mir fünfzig Mark pumpen . . . vorschießen sozusagen, falls der Kerl ins »Vier Jahreszeiten« essen geht?

Samson: Ich tupfe mir erst den kalten Schweiß von der Stirn und entnehme danach meiner Brieftasche einen Schein — in dem Augenblick bemerke ich, der Bursche verhökert gerade sein letztes Sträußchen! An eine greise Oma, die zitterig in ihrem Portemonnaie wühlt und ihm dann bedächtig und umständlich das Geld in die Hand zählt. — Ich stoße Fräulein Hülsebusch unsanft an den Ellenbogen, stopfe ihr den Fünfziger in die Manteltasche und empfehle ihr lauthals, es dem flinken Wiesel gleichzutun. Sie saust von dannen, taucht nach einem Weilchen auf der Straße auf, hüpft über die Fahrbahn.

. . . der Florist kickt just den Pappkarton unter einen geparkten Wagen und wendet sich zum Gehen, da wuselt uns' Heidi durch die Menge und heftet sich an die Fersen des Mannes. Beide verschwinden um eine Ecke. Ein Stoßseufzer entringt sich meiner Brust.

Gut ein und ein halbes Stündchen später humpele ich in die Wachstube des Polizeireviers 18. Von hier aus rief Fräulein Hülsebusch vor zwanzig Minuten bei Weinstein an; sie klang recht verzagt: Ich möge doch schnell mal kommen.
(Schreibmaschine im Hintergrund)
Und da bin ich.
Auf dem von mir entfernten Ende der langen Holzbank brütet ein dem verdächtigen Rosenkavalier ähnelnder Kunde. Auf dem anderen Ende hockt stocksteif unsere teure Hilfskraft. Hinter dem hohen Tresen, der den Raum teilt, blättert ein hagerer Beamter in einem Aktenordner, ein zweiter Gesetzeshüter hämmert auf einer Schreibmaschine herum. Fräulein Heidi springt auf.
Frl. Hülsebusch: Gott sei Dank, Herr Samson, also, ich . . .
Samson: Der hagere Beamte unterbricht:
Polizeibeamter: Sie sind also besagter Saul Samson, aha . . . Kennen Sie diese Dame?
Samson: Ich nicke stumm. Der Beamte nickt ebenfalls, sich ein Grinsen verkneifend. Ich frage Fräulein Heidi, wo's brennt.
Frl. Hülsebusch: *(mit gedämpfter Stimme)* Also, Herr Samson, ich glaub', ich muß Ihnen kurz mal erläutern, warum ich, äh — also, was los ist. *(Flüstern)* Also — ich blieb dem Kerl dicht auf der Pelle. Er trottete, ohne zu pausieren, kreuz und quer durch die Gegend. Vor dem Bahnhof drängte er sich durch eine Reisegruppe, und für eine Schrecksekunde war er futsch. Dann hatte ich ihn wieder im Visier; er beschleunigte sein Tempo, hastete eine Seitenstraße entlang — und dort stand ein Taxi. Nur *ein* Taxi, und auf dieses rannte er zu. *(Noch leiser)* Nur *ein* Taxi — 'ne Scheißsituation, was? Aber der Himmel bescherte mir einen Bullen in Reichweite und eine geniale Idee! Passen Sie auf. Ich schrie gellend — wie am Spieß —, der Lustmolch habe mich unsittlich berührt und mir obendrein die Brieftasche geklaut. Toll, was? Es klappte. Unser Freund tobte vor Empörung; das half ihm nichts. Der Bulle schleppte ihn hierher . . .

Samson: Grundgütiger, schenk mir Kraft, flehe ich im stillen. Eine Pranke knallt auf meine Schulter. Die Pranke des rundlichen, unrasierten Individuums im Regenmantel.
Das Individuum: . . . na, Männeken, bringen Sie das Idipuppchen zurück in seine Gummizelle? Ja? — Nee, nee, selbst wenn 'Se einen ausgeben, fass' ich *der* nich' dahin, wo ich sie hingefaßt haben soll. Und bei diesem feurigen Griff an die Möpse, da mops ich ihr ooch noch die Brieftasche — die süße, kleine blaue Brieftasche mit der zierlichen Randstickerei? Nee, nee, Richie Bartels sammelt keine Brieftaschen — meine höchst eigene liegt da drüben bei den anderen Siebensachen. Ich hab' dem Herrn Wachtmeister mein gesamtes Geld und Gut auf den Tisch des Hauses gepackt; alles, was ich in den Taschen bei mir trug — auch den letzten Hosenknopf!
Samson: Der Wachtmeister zeigt auf Richies Habseligkeiten.
Polizeibeamter: Bitte, Herr Samson. Eine blaue Brieftasche ist nicht dabei. Herr Bartels ließ sich freiwillig von Kopf bis Fuß durchsuchen. Unterwegs weggeworfen hat er sie nicht, protokollierte Kollege Meyer. Die Dame spinnt, Herr Samson.
Samson: Wem sagt er das. Ich mustere flüchtig die irdischen Güter des Gefilzten.
Individuum: Komm'Se, Komm'Se, nich' so salopp, Männeken. So. Hier, das ist *meine* Brieftasche. — Inhalt: vier Zwanzig- und zwo Zehnmarkscheine; ehrlich erworben, . . . mein Ausweis mit Lichtbild, so . . . zwei Briefe an Richie adressiert, jawohl, eine U-Bahn-Monatskarte und, äh, tja, drei künstlerisch wertvolle Lichtbilder von ein paar Schönheiten *(Räuspern)* . . . war sehr heiß im Studio . . . So, und das hier — ein Päckchen Zigaretten, 'ne Schachtel Streichhölzer, 'ne Tüte Hustenbonbons, *ein* Handschuh, den linken hab' ich verliehen, ein Taschentuch, die Hausschlüssel, . . . eins, zwei, drei, vier, fünf — fünf Büroklammern, so gut wie neu, ein Kamm, ein Schreiber, ein Notizbuch, 'n blitzeblanker Glückspfennig und dieser Zettel, da mußt' ich mir notieren, daß ich morgen abend zum Galadiner

beim Ersten Bürgermeister geladen bin — damit ich's ja nich' vergesse. So, das war's.
Samson: Auf dem handgeschriebenen Zettel entziffere ich: »Morgen abend, halb neun, K. am bewußten Ort treffen. Blumen mitbringen.« — Tja, das wär's, in der Tat. Ich neige dankend das Haupt und trete, Fräulein Hülsebusch ergreifend, den Rückzug an.
Polizeibeamter: Auf Wiedersehen, gnä' Frau. Beehren Sie uns bald wieder.
Individuum: Wenn Sie das nächste Mal Ausgang haben, rufen Sie kurz durch . . .
Samson: So tönt es uns nach.
(Straßenlärm)
Ich schubse die erlesene Stütze in Richtung meines Wagens, da meint die Unverwüstliche:
Frl. Hülsebusch: Is' das nicht 'n bißchen unklug, den Gangster mir nichts, dir nichts laufen zu lassen? Ich jachter' mir die Lunge aus'm Hals, lande extra diesen Coup, und der Typ spaziert ungeschoren davon — was wird Herr Weinstein dazu sagen und Herr Blechmann . . .
Samson: Ich gestehe, daß ich die Person am Ärmel kralle und tüchtig beutele. Und ich veranschauliche ihr, daß der harmlose Richie Bartels leider, leider nicht mit dem Rosenhändler von vorhin identisch ist. Dessen Spur habe sie verloren, wo auch immer, und dem Pechvogel Bartels seien seine rundliche Gestalt, sein Stoppelkinn und sein zum Verwechseln ähnlicher Regenmantel zum Verhängnis geworden. Ein augenfälliger Umstand hätte mir eindeutig bewiesen, daß er der falsche Mann sei — eine bestimmte Kleinigkeit hätte ich bei dem Duplikat vermißt, die dem Original garantiert nicht fehlen würde.

Welche Kleinigkeit?

Mörder im Hotel

(Punkt neun Uhr in der Früh)
Samson: Ich reiche meinem Chef untertänigst den Telefonhörer mit dem Hinweis, daß wieder ein Mensch in seiner Not der Hilfe des großen Kriminalisten bedürfe. Zeus Weinstein wirft in stummer Resignation die Augen gen Himmel, nimmt den Hörer entgegen und seufzt seinen werten Namen in die Muschel.
Heino Gebbhahn: *(durchs Telefon)* Guten Morgen, Herr Weinstein. Gebbhahn hier, Heino Gebbhahn, Journalist. Herr Weinstein, ich will es knapp machen, die Zeit drängt. Ich sitze hier im Transcontinental-Hotel, Zimmer 52, und arbeite an einem Dokumentarbericht über die hiesige Unterwelt. Sie können sich denken, welche der Mafiosi ich im Visier habe und daß die Burschen nicht rasten und nicht rosten werden, um mich zu beseitigen — die wissen leider nur allzu genau, wo ich stecke. Dummerweise brach ich nicht mit der lieben Gewohnheit, meine Serien im »Transcontinental« zu schreiben — ich begebe mich regelmäßig alle drei Monate hierher in Klausur. Allerdings ergriff ich einige Vorsichtsmaßnahmen: Ich schließe mich Tag und Nacht ein, verlasse nie das Appartement und öffne einzig und allein dem Personal: dem Etagenkellner, dem Zimmermädchen und so weiter — ach ja, und dem Hoteldetektiv, Herrn Lutz; Herrn Lutz kenne ich schon länger. Aber mich beschleicht gelegentlich das dumpfe Gefühl, daß die Gangster es vielleicht doch irgendwie bewerkstelligen könnten, an mich ranzukommen. Wie? Keine Ahnung, aber eben deswegen wollte ich Sie bitten, meinen Schutz zu übernehmen, Herr Weinstein. Wüßten Sie da Mittel und Wege? Und bestünde die Möglichkeit, so gegen 11 Uhr im »Transcontinental« vorbeizuschauen? Ich wäre Ihnen unendlich dankbar, Herr Weinstein. Ja? — Sehr gut. Also, bis dann.

(Hörer wird aufgelegt.)
Samson: Pünktlich um 11 Uhr bitten wir den Portier an der Rezeption, uns mit Heino Gebbhahn, Zimmer 52, zu verbinden, da tritt ein geschniegelter Herr auf uns zu. Er ruckt sein wohlfrisiertes Haupt um exakt zweieinhalb Zentimeter nach vorn und fragt gedämpften Tones:
Herr Lutz: Herr Weinstein?
Samson: Derselbe bejaht. Der Geschniegelte deutet unauffällig in Richtung des Fahrstuhls. Was wir dort erblicken, ist nicht amüsant — wir erblicken nämlich Freund Musfeldt von der Mordkommission nebst seinen Mannen. Weinstein holt tief Luft, und ich ahne dunkel, daß wir einen potentiellen Klienten verloren haben. Der Geschniegelte erweist sich als Herr Lutz, der erwähnte Hoteldetektiv. Wir drängen uns alle in den Lift und scharren kurz darauf vor Zimmer 52 mit den Hufen.
(Surren eines Staubsaugers im Hintergrund)
Samson: Herr Lutz zückt seinen Hauptschlüssel und erklärt leise:
Herr Lutz: Herr Kommissar, gegen 9 Uhr 15 teilte mir Herr Gebbhahn telefonisch mit, daß er Herrn Weinstein um 11 Uhr erwarte und ich den Herrn Weinstein freundlicherweise in Empfang nehmen möge. Ein Stündchen später klopfte ich mehrmals bei Herrn Gebbhahn an, ich wollte ihm seine Morgenzeitungen bringen — er antwortete nicht. Der Gast erkundigte sich für gewöhnlich sehr eindringlich, wer vor der Tür sei, ehe er die Kette loshakte. Also, ich schloß die Tür auf . . . wunderte mich, daß Herr Gebbhahn nicht wie üblich die Kette vorgelegt hatte, ging ins Zimmer — und, äh, na ja, — Sie wissen ja, Herr Kommissar . . .
Samson: Der Geschniegelte wendet sich an das Stubenmädchen, das am Ende des Ganges mit einem Staubsauger hantiert.
Herr Lutz: Fräulein Lilly, waren Sie heute schon auf Zimmer 52?
Stubenmädchen Lilly: Nein, Herr Lutz. Ich habe angeklopft, aber der Herr antwortete nicht, und ich dachte, er schläft noch.

Herr Lutz: Hm, ja — sahen Sie in das Zimmer rein, ich meine, haben Sie die Tür aufgeschlossen — es wäre ja denkbar gewesen, daß Herr Gebbhahn sein Appartement ausnahmsweise mal verlassen hätte, Lilly?
Lilly: Nee, nee, Herr Lutz, das tät' ich nicht wagen. Sie kennen doch den Gast, Herr Lutz. Nee, nee, wenn der nicht ausdrücklich »Herein!« ruft, setze ich keinen Fuß ins Zimmer 52.
Nee, Herr Lutz, dieser komische Kauz mit seinem Tick — wenn ich da einfach reinmarschieren würde, könnte ich ein blaues Wunder erleben. Ist er denn nun da oder nicht?
(Tür wird aufgeschlossen.)
Samson: In der Tat, die arme Lilly hätte ihr blaues Wunder erlebt: Der Journalist hockt vornübergesackt an einem kleinen Schreibtisch, Kopf und Arme auf der Tischplatte; ein Einschußloch in seinem Jakkett und ein bißchen Blut zeigen, daß er meuchlings von hinten erschossen wurde — und fraglos mit einer schalldämpferbestückten Waffe. Ich schaue mich um. Das Zimmer ist noch nicht aufgeräumt, das Bett nicht gemacht worden, irgendwelche Seiten eines Manuskriptes sind unauffindbar. In der Reiseschreibmaschine, direkt vor dem Kopf des Toten, steckt ein Bogen mit anderthalb getippten Zeilen drauf; — ich beuge mich vor, um sie zu begutachten, und stoße dabei ein Fläschchen mit blauer Tinte um, die sich auf einen handbeschrifteten Zettel ergießt. Die Notiz könnte von Wichtigkeit sein — Löschpapier liegt nicht parat, überhaupt nichts Saugfähiges liegt parat, und Weinstein gebietet geistesgegenwärtig dem Hausdetektiv, ins Bad zu springen und ein gebrauchtes Handtuch zu holen — schnell, schnell, ehe die Tinte eintrocknet und die Schrift unleserlich macht.
Der Geschniegelte springt, wie ihm geheißen, dann ertönt seine Stimme aus dem Badezimmer:
Herr Lutz: Gebrauchte Handtücher sind nicht da, Herr Weinstein! Hier sind nur frische aufgestapelt!

Samson: Musfeldt röhrt, der depperte Herr Lutz möge dann eben, zum Donnerwetter, ein frisches bringen. Gesagt, getan, der Geschniegelte bringt säuerlich ein frisches. Wir tupfen die Tinte vorsichtig auf und entziffern:
»Morgen früh 9 Uhr Zeus Weinstein anrufen.« Also — Fehlanzeige. Die anderthalb Zeilen auf dem Bogen in der Maschine lauten: »Die Quote der erfaßten Fälle macht plus 17,4 Prozent aus. 189 Fixer starben an einer . . .«
»Überdosis« mochte es wohl weiter heißen, aber das bringt uns auch nicht auf die Fährte.
(Klirren von Flaschen und so weiter)
Weinstein inspiziert das Bad, stöbert herum, beschnuppert das Rasierwasser des Herrn Gebbhahn und betastet die glitschige Seife. Seltsames Gebaren.
Noch seltsamer jedoch will es uns erscheinen, als er den Toten in seinem Sessel ein wenig aufrichtet und ihm mit der Hand zärtlich über die Wange streicht.
Liebevolle Anteilnahme für einen so tragisch Dahingerafften? I wo. »Gut rasiert, Naßrasierer«, vermeldet die Koryphäe in Toilettenfragen.
Selbst Musfeldt fehlen die Worte. Dem Geschniegelten nicht:
Herr Lutz: Lieber Herr Weinstein, was bedeuten diese Fisimatenten? Wenn Sie mehr wissen als wir alle, dann spucken Sie es aus!
Samson: Weinstein spuckt aus, mehr zu wissen als wir alle. Gerade hebt er an, seiner Weisheit letzten Schluß zu verkünden, da . . . *(Klopfen)* klopft es.
Lilly wuselt ins Gemach, den Staubsauger hinter sich herziehend.
Lilly: Darf ich . . . kann ich aufräumen, meine Herren? *(Kleiner Aufschrei)* Oh — Herr Gebbhahn! Was ist mit dem Herrn Gebbhahn — ist er tot?
Samson: Weinstein bestätigt ihre Vermutung und betont, die Anwesenheit des netten Fräuleins würde ihn nicht hindern, seinen Ver-

dacht laut zu äußern. Doch bevor er ihn äußert, strahlt er das nette Fräulein an und interessiert sich — charmant, charmant — für ihren beruflichen Werdegang. Und ob sich der Herr Lutz ein wenig um sie gekümmert hätte.
Lilly: Ja, äh — nun, ich habe diese Stellung ja erst seit zwei Wochen, vorher half ich mal hier, mal da aus, unten in Süddeutschland, ja, und wieso soll der Herr Lutz . . . ich versteh' den Sinn Ihrer Fragen nicht so ganz . . .
Samson: Herr Lutz versteht den Sinn ebenfalls nicht, oder er versteht ihn falsch:
Herr Lutz: Herr Weinstein, wollten Sie mit dieser geschmacklosen Anspielung ein, äh, hm, Techtelmechtel zwischen Fräulein Lilly und mir andeuten, eh? Oder was meinen Sie mit kümmern, Herr Weinstein?
Samson: Weinstein winkt besänftigend ab. Es sei ihm lediglich durch den Kopf geschossen, ob der Herr Kollege sozusagen amtlich . . . ach, egal, unterbricht sich Weinstein und weist auf einen Menschen hin, der einen Fehler beging, nachdem dieser betreffende Mensch Heino Gebbhahn erschossen hatte. Dieser unverdächtigen Person riegelte Gebbhahn wie immer die Tür auf, um sich dann sogleich wieder an die Schreibmaschine zu setzen. Der Mörder schlich sich daraufhin von hinten an sein Opfer heran . . . und, na ja, der blutige Auftrag war erfüllt. Dann verschwand der Mörder unter Mitnahme des belastenden Materials und der lieben Gewohnheit wegen, unter Mitnahme von . . . Na, was wohl?
Wenn Sie das wissen, dann wissen Sie auch, wer Gebbhahn umgelegt hat.

Nun, wer war's?

Der stille See

Die Woche fing turbulent an. Am Montagvormittag benachrichtigte uns die Familie Schwalenberg, daß ihr würdiges Oberhaupt, John P. Schwalenberg, der millionenschwere Bankier, verschwunden sei. Am Tag zuvor, nach dem Mittagessen, gegen 14 Uhr, hatte John P. verkündet, daß er einen Spaziergang in die Stadt machen wolle. Daraufhin erhob sich ein Proteststurm von seiten der Familie. Frau Ellen Schwalenberg: »Kommt nicht in Frage, John. Denk an die Drohbriefe. Geh höchstens in den Garten. Auf der Straße werden diese Gangster dich auf der Stelle schnappen.« — Tochter Gabriele: »Das wäre bekloppt, Papa. Von diesen drei Privatdetektiven, die dich auf Schritt und Tritt beschatten, halte ich gar nichts.« — »... und diesen zwei Leibwächtern, die ständig draußen vor dem Haus dösen, wären bei einer Verfolgungsjagd erschwerend ihre Bäuche im Wege«, fügte John P. Schwalenberg jr. hinzu. Daraufhin hatte John P. sen. verärgert die bedeutungsvollen Worte gesagt: »Ich lasse mich nicht in diesem Kasten hier einsperren. Ich geh' mir Zigarren holen. Ich will raus. Und ich will mal wieder am Ufer eines stillen Sees entlangwandeln.«

Die Familie horchte bestürzt auf. Am Ufer eines stillen Sees entlangwandeln? Der nächstgelegene größere See war mindestens neunzig Kilometer entfernt. Die Familie setzte vorsichtshalber die fünfköpfige Schutztruppe von diesen sibyllinischen Worten in Kenntnis. John P. sen. spazierte in den Garten. Dann schlüpfte er aus einer unverschlossenen Pforte auf die Straße. Anfangs war er für gut 15 Minuten verschwunden. Er wurde noch dreimal gesichtet. Dann blieb er bis zur Stunde unauffindbar.

Zeus Weinstein und ich treffen eine Stunde nach der Benachrichtigung im Hause Schwalenberg ein. Inzwischen war mit der Post ein Lebenszeichen von John P. sen. gekommen. Die altertümliche Ansichtskarte, die einen romantischen See zeigt, war von ihm adressiert und beschriftet worden, obwohl, so Ellen Schwalenberg, »mir seine Schrift auffallend kritzelig vorkommt«. Weinstein verhört die Privatpolizisten und die drei Kollegen von uns, Angestellte einer großen Detektei. Einer der Polizisten hatte bei einem Rundgang zufällig die offenstehende Gartenpforte entdeckt und Alarm geschlagen.

Detektiv Walter M.: »Ich sprang in den Wagen und fuhr die Straßen in der Umgebung ab. Ungefähr eine Viertelstunde später sah ich den Gesuchten den Bahnhof der Stadtbahn betreten. Ich mußte erst parken, der Zug fuhr mir vor der Nase weg — Richtung City. Ich informierte Bob und Leo per Autotelefon.« — Leo H.: »Auf gut Glück postierten Bob und ich uns vor zwei der größten Stationen in der Innenstadt, ich am Hauptbahnhof — und tatsächlich, ich sah Schwalenberg aus der Halle kom-

Ein idyllischer Kartengruß. Doch es ist fraglich, ob sich der Vermißte wirklich in einer Idylle befindet.

men. Ich gab Bob Bescheid und folgte unserem Mann zu Fuß, in einiger Entfernung. Zuerst ging er zu einem Taxistand, doch plötzlich machte er kehrt und betrat eilig ein Warenhaus. Drinnen war er beim besten Willen nicht mehr aufzufinden. Ich lief zum Bahnhof zurück und traf auf Bob; plötzlich tauchte Schwalenberg wieder auf...« — Bob W.: »Plötzlich rief Leo: ›Da ist er! Dort am Briefkasten!‹ Ich sah nur sekundenlang einen Mann von hinten mit einer weißen Plastiktüte in der Hand, dann verschwand er in der Menge. Wir kontrollierten rasch alle Bahnsteige. Vergebens!« Weinstein betrachtet die Karte. Die Marke war tags zuvor am Bahnhof abgestempelt worden. Weinstein schüttelt den Kopf: »Einer der Herren hat saudämlich gelogen. Und wenn ein zweiter nicht am Komplott beteiligt ist, muß der ein Riesenesel sein.«

Welche Lüge meint Weinstein?

Hinter der Tür

Zeus Weinstein knurrt ins Telefon: »Sie rufen reichlich früh an, Herr, äh, Herr Isen — reiner Zufall, daß wir schon im Büro sind. Wissen Sie eigentlich, wie spät es ist?« — »Ja, ich glaub' schon. Ich sitze an meinem Schreibtisch vor dem Fenster und sehe, daß gerade die Sonne über dem Hügel aufgeht. Es müßte gegen ...« — »Es ist genau 7 Uhr 10, Herr Isen.« — »Pardon. Aber es ist wichtig! Ich fühle mich nämlich bedroht und werde mich hier in meinem Arbeitszimmer einschließen. Ich wollte Sie bitten ...«

Herr Ludolf Isen, Krimiautor, wollte uns bitten, ihn schnellstens in seinem Haus in der Heide aufzusuchen, er lebe dort allein, alles Weitere würde er uns erklären. Der Chef sagt zu. Die Schilderung der Ereignisse in Stichworten: Ankunft vor Isens Domizil am Spätnachmittag. Es liegt vollkommen einsam, umgeben von flachen Hügeln mit Birken und Wacholderbäumen. Ein grüner Mercedes und ein VW parken vor dem Gebäude. Herr Walter Isen (Bruder des Schriftstellers und Besitzer des Mercedes) öffnet uns die Haustür — merklich überrascht: Er hätte doch erst vor knapp zehn Minuten die Polizei angerufen ...? Wir stellen uns vor; Herr Isen schildert die Lage: »Gegen 14 Uhr traf ich hier mit meiner Verlobten Monika ein, um sie meinem Bruder vorzustellen. Ich besitze einen Schlüssel für die Haustür und ging in den ersten Stock hinauf zum Arbeitszimmer meines Bruders. Er hockt da von morgens bis abends und schreibt. Ich klopfte, rief, daß ich es sei — aber er hatte sich eingeschlossen und grölte zurück, er wolle mich nicht sehen. Monika saß derweil unten im Wohnzimmer, ich gesellte mich für ein Weilchen zu ihr, versuchte es oben noch ein zweites Mal, vergebens, ich hörte Ludolf nur auf der Schreibmaschine klappern und zog dann mit Monika unverrichteterdinge ab. Doch unterwegs bekam ich's mit der Angst zu tun: Ludolf leidet unter Depressionen und sprach des öfteren von Selbstmord. Ich setzte Monika auf halber Strecke in einem Gasthof ab und traf vor zirka fünfzig Minuten wieder hier ein. Und ... die Tür ist nach wie vor verschlossen, er antwortet nicht, alles ist still im Zimmer — aber allein wollte ich die Tür nicht aufbrechen. Ich rief die Polizei.«

Wir brechen die Tür auf. Am Ende des kleinen, fast unmöblierten Zimmers steht vor dem schmalen einzigen Fenster ein winziger Schreibtisch, davor ein Bürostuhl, auf dem Ludolf Isen mehr hängt als sitzt. Auf dem Fußboden, unter seinem herabbaumelnden rechten Arm, liegt eine Pistole: Ein Schuß ist abgefeuert worden, aus nächster Nähe, wie man unschwer an dem Einschußloch an Isens rechter Schläfe erkennen kann. Auf dem Schreibtisch befinden sich ein paar Nachschlagewerke, das Telefon und die notwendigen Schreibutensilien. Auf dem

"Eine Kugel direkt in den Kopf?" fragte Amos Schletzenburger lauernd sein Gegenüber. Hansi Holtfreter lachte gurgelnd. "Sie kann ihm nur in den Kopf gegangen sein, mein Lieber. Ich habe den Schuß deutlich gehört. Peng, Peng! Also - nur einmal Peng, um's genau zu sagen. Aber im Körper von Intendanten war - beim besten Willen - kein Geschoß zu finden. Und der Kopf war ja weg - futsch. Den hatte man mitgehen heißen, ja, ja, lachen Sie nur. Wir haben das ganze Haus umgekrempelt, doch das würdige Haupt des Herrn Intendanten war und blieb verschwunden. Na, und das Zimmer mit der kostbaren Auslegeware, das sah vielleicht aus! Alles voller Blut, ich kann Ihnen sagen!"

Schletzenburger lehnte sich zurück und biß endlich in sein Marzipanbrot. Spielte ein verstohlener Ausdruck von stiller Befriedigung um seine feisten Wangen, oder schmeckte es ihm nur?

Die letzten Zeilen eines begnadeten Kriminalschriftstellers. Er starb, wie er schrieb: blutrünstig.

Bogen in der Schreibmaschine stehen einige blutrünstige Zeilen Text; wie in einem Schauerfilm geht direkt dahinter die Sonne blutrot am Horizont unter. Andere beschriebene Manuskriptseiten liegen auf dem Tisch. Weinstein blickt plötzlich von dem Toten auf. »Mein Gott, Samson, der Schlüssel!« — »Der steckt noch im Schlüsselloch«, sagt Walter Isen von der Tür her. Wir drehen uns um. Weinstein mustert den kahlen Raum. »Also, dies ist das Arbeitszimmer Ihres Bruders?« fragt er schneidend. — »Ja. Er lebte sehr spartanisch.« — »Soso. Ich stelle jetzt mal einige Hypothesen auf, Herr Isen. Erstens, Sie haben just den Schlüssel von innen ins Schloß gesteckt, eben, als wir nicht hinsahen. Zweitens, Sie haben Ihren Bruder erschossen, aber in jeder Hinsicht so gezielt, daß Sie gut einen Selbstmord fingieren konnten. Aber Sie mußten erst einmal an ihren Bruder herankommen, der sich verbarrikadiert hatte — diese Aktion hinterließ Spuren; gab's vielleicht auch noch die Spuren eines Kampfes? Diese Spuren mußten Sie schleunigst beseitigen. Und das taten sie gründlich, so viel Zeit blieb Ihnen noch.«

Was tat der Mörder? Woran merkt man es?

Opas bestes Stück

»Trinken Sie mäßig, Samson, möglich, daß Paul Gatsby uns die Drinks berechnet«, warnt mich Zeus Weinstein, als wir vor dem Fünfzig-Zimmer-Schloß des legendären Ölmilliardärs vorfahren. Mein Chef war schon einmal bei dem greisen Nabob in England gewesen und hatte ihn davor bewahrt, einen gefälschten Rubens zu erwerben. Jetzt harrte ein Stapel dubioser Rembrandts auf Weinsteins Expertise. Der Butler serviert Sherry, Gatsby präsentiert uns wortlos eine Zeitung. Ich ergreife zögernd ein Glas; Weinstein überfliegt die Sensationsmeldung: Gatsbys Enkel, Paul III, 23, ist in Rom entführt worden. Die Mutter, geschiedene Ehefrau von Paul II, ist selbstverständlich außer sich. »Ich zahle keinen Penny«, erklärt der liebende Großvater. »Der Bursche ist ein Strolch, genau wie sein Vater, Paul II, der noch mit vierzig Jahren als Hippie herumstromert. Ich habe ihn enterbt. Mein Enkel zieht sich wenigstens wie ein Gentleman an und trägt leidlich kurzes Haar. Aber trotzdem ...« Sein gepflegtes Äußeres können wir auch auf einem Foto bewundern. Paul III hatte vorgestern abend in einem tadellosen Smoking den Empfang eines Filmzaren geschmückt und war, gleich nach der Festivität, von Unbekannten in ein Auto gezerrt worden. Das hatte seine ständige Begleiterin, Daniela, als Augenzeugin zu Protokoll gegeben. – Am Abend kommen Mutter und Gespielin mit pflichtgemäß zur Schau getragener Leidensmiene angereist. »Gestern kam ein Anruf. Man verlangt 50 000 Pfund«, lispelt die Schwiegertochter a. D. Gatsbys mißtrauische Augen zählen die Zukkerstückchen, die sie in den Tee plumpsen läßt. »Und dann folgte das Eilpaket«, fährt sie fort. Daniela öffnet eine Pappschachtel und bringt einen Schrieb, einen Schlips und einen monströsen Pappfinger zum Vorschein. »Wo ist das Packpapier mit dem Poststempel?« fragt Weinstein. »Hab' ich weggeworfen«, stottert die Frau Mama betroffen. – »Konnten die Entführer in die Wohnung Ihres Sohnes einbrechen, um – sagen wir – etwas zu stehlen?« – »Nein – da wartet sowieso die Polizei.« Der alte Herr prüft verdrossen den Brief des Enkels mit Lupe. »Eindeutig seine Schrift! Hören Sie sich das an: ›Mutter! Laßt mich nicht ermorden; wird das Lösegeld nicht akzeptiert, folgt postwendend ein richtiger Finger. Und als Beweis, daß sie mich auch wirklich geschnappt haben, schicken sie meinen Schlips. Zeig ihn Großvater, er hat ihn mir geschenkt. – Paul!‹« Ich mache mir gerade Gedanken über diese »Großzügigkeit«, als Weinsteins schneidende Stimme den Damen jäh eine aparte Gänsehaut beschert. »Zahlen Sie nicht, Mr. Gatsby! Das Ganze ist ein Schwindel!« – »Wußt' ich's doch«, knurrt der Alte, »nehmen Sie sich noch einen Sherry, Herr Weinstein.«

Ein Batzen Geld für einen Finger, obwohl ein Mensch immerhin zehn davon hat, denkt das Familienoberhaupt und gibt der Mutter des teuren Enkels kurz Bescheid: »Keinen Penny!«

Welchen Fehler machte die Verwandtschaft bei der Inszenierung der »Entführung«?

Rache nach Plan

Jawohl — von der Sache mit Walter Hohenberger hatten wir gehört. Ein gemeingefährlicher Geisteskranker war das, der gelegentlich klare Momente hatte. Oft jedoch stieß er wütende Haßtiraden gegen Herrn Dr. Krambach aus, den »Anwalt, der mir meine Existenz geraubt und mich in die Klapsmühle gebracht hat — aber die Rache wird fürchterlich sein«! Sie war's. Dr. Krambach war tot. Und zwar drei Tage nach dem spurlosen Verschwinden Hohenbergers aus der Anstalt.

Zeus Weinstein und ich sitzen im Büro des Verstorbenen dem wackeren Kommissar Musfeldt, einem Herrn Lutz Laaber und der Sekretärin des bereits abtransportierten Herrn Krambach gegenüber. Weinstein kannte den Anwalt. Darum sind wir hier. Kommissar Musfeldt sagt wichtig: »Die Fahndung läuft. Herr Laaber fand heute morgen gegen 9 Uhr die Leiche seines Kompagnons — Herr Laaber kam gestern abend von einer langen Überseereise zurück. Krambach — von hinten erschossen — saß hier in dem Stuhl vornübergesackt an seinem Schreibtisch. Er muß wohl noch ein, zwei Minuten gelebt und versucht haben zu telefonieren. Das Telefon war auf den Boden gefallen — dann hatte der Sterbende in einem Artikel einer vor ihm liegenden Zeitung ein paar Worte markiert, den Namen des Mörders hingekritzelt, den Artikel herausgerissen — und war verschieden. Es ist seine Handschrift.« Fräulein Lamspringe nickt. Herr Laaber nickt. Weinstein nickt nachdenklich. Musfeldt präsentiert den Zeitungsausschnitt. »Herr Laaber alarmierte die Polizei. Moment — wo habe ich den Zettel — ah, hier. Stenogramm des Wachtmeisters Renz: ›Anruf des Herrn Lutz Laaber um 8 Uhr 56. Er sagte wörtlich: »Ich melde einen Mord. Und fahnden Sie man gleich nach einem männlichen oder weiblichen Menschen namens Hohenberger als möglichen Täter!«‹ Es folgten Name und Adresse des Toten.«

Weinstein zu Fräulein Lamspringe: »Sie hatten von Walter Hohenberger gehört? Durch Ihren Chef?« — »Nein, nie.« — »Wann kamen Sie ins Büro?« — »Gegen 9 Uhr 30.« Herr Laaber nickt. »Sie haben also nie was von den wahnwitzigen Racheplänen des Geisteskranken vernommen?« — »Nicht, daß ich wüßte.« Eine sibyllinische Antwort. Weinstein wendet sich an Laaber. »Aber Sie?« — »Nein, auch nicht. Der Name ist nie gefallen, von etwaigen Racheplänen eines Irren hat Krambach nie gesprochen.« Weinstein läßt nicht lokker: »Fräulein Lamspringe, Ihr Chef muß doch beunruhigt gewesen sein, als er erfuhr, daß der Kranke aus der Anstalt ausgebrochen war. Hat er keine Bemerkung gemacht? War er nervös?« — »Er hat besonders viel geraucht.« Musfeldt nickt. »Der Aschenbecher auf dem Schreibtisch enthielt 29 Zigarettenstum-

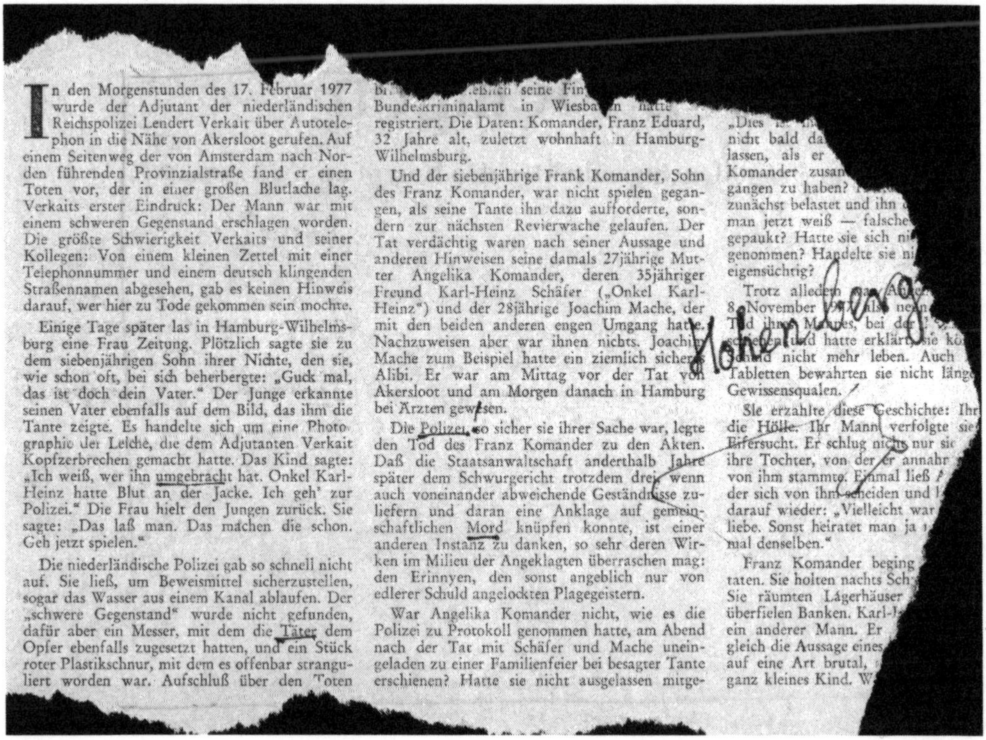

In den Morgenstunden des 17. Februar 1977 wurde der Adjutant der niederländischen Reichspolizei Lendert Verkait über Autotelephon in die Nähe von Akersloot gerufen. Auf einem Seitenweg der von Amsterdam nach Norden führenden Provinzialstraße fand er einen Toten vor, der in einer großen Blutlache lag. Verkaits erster Eindruck: Der Mann war mit einem schweren Gegenstand erschlagen worden. Die größte Schwierigkeit Verkaits und seiner Kollegen: Von einem kleinen Zettel mit einer Telephonnummer und einem deutsch klingenden Straßennamen abgesehen, gab es keinen Hinweis darauf, wer hier zu Tode gekommen sein mochte.

Einige Tage später las in Hamburg-Wilhelmsburg eine Frau Zeitung. Plötzlich sagte sie zu dem siebenjährigen Sohn ihrer Nichte, den sie, wie schon oft, bei sich beherbergte: „Guck mal, das ist doch dein Vater." Der Junge erkannte seinen Vater ebenfalls auf dem Bild, das ihm die Tante zeigte. Es handelte sich um eine Photographie der Leiche, die dem Adjutanten Verkait Kopfzerbrechen gemacht hatte. Das Kind sagte: „Ich weiß, wer ihn umgebracht hat. Onkel Karl-Heinz hatte Blut an der Jacke. Ich geh' zur Polizei." Die Frau hielt den Jungen zurück. Sie sagte: „Das laß man. Das machen die schon. Geh jetzt spielen."

Die niederländische Polizei gab so schnell nicht auf. Sie ließ, um Beweismittel sicherzustellen, sogar das Wasser aus einem Kanal ablaufen. Der „schwere Gegenstand" wurde nicht gefunden, dafür aber ein Messer, mit dem die Täter dem Opfer ebenfalls zugesetzt hatten, und ein Stück roter Plastikschnur, mit dem es offenbar stranguliert worden war. Aufschluß über den Toten

... seine Fin... Bundeskriminalamt in Wiesba... hatte registriert. Die Daten: Komander, Franz Eduard, 32 Jahre alt, zuletzt wohnhaft in Hamburg-Wilhelmsburg.

Und der siebenjährige Frank Komander, Sohn des Franz Komander, war nicht spielen gegangen, als seine Tante ihn dazu aufforderte, sondern zur nächsten Revierwache gelaufen. Der Tat verdächtig waren nach seiner Aussage und anderen Hinweisen seine damals 27jährige Mutter Angelika Komander, deren 35jähriger Freund Karl-Heinz Schäfer („Onkel Karl-Heinz") und der 28jährige Joachim Mache, der mit den beiden anderen engen Umgang hatte. Nachzuweisen aber war ihnen nichts. Joachim Mache zum Beispiel hatte ein ziemlich sicheres Alibi. Er war am Mittag vor der Tat von Akersloot und am Morgen danach in Hamburg bei Ärzten gewesen.

Die Polizei, so sicher sie ihrer Sache war, legte den Tod des Franz Komander zu den Akten. Daß die Staatsanwaltschaft anderthalb Jahre später dem Schwurgericht trotzdem drei, wenn auch voneinander abweichende Geständnisse zuliefern und daran eine Anklage auf gemeinschaftlichen Mord knüpfen konnte, ist einer anderen Instanz zu danken, so sehr deren Wirken im Milieu der Angeklagten überraschen mag: den Erinnyen, den sonst angeblich nur von edlerer Schuld angelockten Plagegeistern.

War Angelika Komander nicht, wie es die Polizei zu Protokoll genommen hatte, am Abend nach der Tat mit Schäfer und Mache uneingeladen zu einer Familienfeier bei besagter Tante erschienen? Hatte sie nicht ausgelassen mitge-

„Dies ...
nicht bald da...
lassen, als er ...
Komander zusam...
gangen zu haben? ...
zunächst belastet und ihn ...
man jetzt weiß — falsche...
gepaukt? Hatte sie sich ni...
genommen? Handelte sie ni...
eigensüchtig?

Trotz alledem ...
8. November ... als ...
Tod ihres Mannes, bei der ...
... und hatte erklärt, sie kö...
... nicht mehr leben. Auch ...
Tabletten bewahrten sie nicht läng...
Gewissensqualen.

Sie erzählte diese Geschichte: Ihr...
die Hölle. Ihr Mann verfolgte sie...
Eifersucht. Er schlug nicht nur si...
ihre Tochter, von der er annahm...
von ihm stammte. Einmal ließ ...
der sich von ihm scheiden und ...
darauf wieder: „Vielleicht war ...
liebe. Sonst heiratet man ja ...
mal denselben."

Franz Komander beging ...
taten. Sie holten nachts Sch...
Sie räumten Lagerhäuser ...
überfielen Banken. Karl-...
ein anderer Mann. Er ...
gleich die Aussage eines ...
auf eine Art brutal, ...
ganz kleines Kind. W...

Mit letzter Kraft hatte das Opfer einen Hinweis auf seinen Mörder geliefert. Hatte es das wirklich?

mel.« Herr Laaber starrt schuldbewußt auf seine glimmende Zigarette, nickt aber nicht. Weinstein erhebt sich. Musfeldt begleitet uns zur Haustür. »Wie im klassischen Krimi«, sagt Weinstein. »Der große Detektiv verläßt den Schauplatz des Geschehens und nennt dem ahnungslosen Kommissar den Namen des Mörders.« Er nennt ihn und liefert den Beweis. Ich nicke überzeugt.

Wer verriet sich und wodurch?

Magere Magie

Avron Botzalis, in ein seltsames Gewand gekleidet, liegt tot auf dem Fußboden seines ebenso seltsam eingerichteten »Meditationsraumes«. Der Kopf des Mannes ruht auf einem gewaltigen, in Leder gebundenen Buch, das, in der Mitte aufgeschlagen, sein eigenes Horoskop zeigt. Auf diesen eigentümlichen Umstand wies uns Kommissar Walter Musfeldt hin. Die anderen Umstände sprechen für sich allein — ich meine das Einschußloch in der rechten Schläfe des Toten und die Pistole, die sich in geringem Abstand von seiner rechten Hand befindet.

»War 'n übler Scharlatan«, sagt Musfeldt gemütvoll. »Astrologe, Graphologe — nannte sich Magier und Mystiker, Sie verstehen, Weinstein. Hat seinen Patienten, oder wie man die Verrückten bezeichnet, die ihn konsultiert haben, einen Haufen Geld abgeknöpft.« Der Kommissar gibt seinen Leuten unwirsch die Anweisung, nicht herumzutrödeln. »Sein Sekretär rief an. Er hätte in dem Zimmer des Meisters einen Schuß fallen hören. Allein und mit Gewalt wolle er die Tür nicht öffnen, die sei nämlich abgeschlossen. Also haben wir sie aufgebrochen. Der Zimmerschlüssel lag neben der Leiche. Reine Hexerei, was? Das heißt, natürlich nur, wenn's ein Mord war.« — Der Chef meint, er würde zwar das Mystische bevorzugen, aber der Sekretär könne doch einen zweiten Schlüssel besitzen, oder? — »Hat ihn angeblich verlegt«, grunzt Musfeldt. »Die Sache ist glasklar. Selbstmord.«

Die sterblichen Überreste von Avron Botzalis werden auf die Bahre gehievt und aus dem Raum getragen. Ich bücke mich, hebe den massiven Wälzer auf und überfliege einige Zeilen des Horoskops. *». . . wer unter diesem Aszendenten geboren wurde, zeigt stark ausgeprägte Willens-Energien. Das Auftreten ist sicher, das Wesen stolz, auch eigensinnig, unversöhnlich, oft rachsüchtig. Auffällig ist die Eigenschaft der Eifersucht, die manchmal zu selbstschädigenden Gefühlsimpulsen Anlaß gibt, zumeist aus übersteigerter Ich-Geltung. Kein anderes Zeichen birgt solche Tiefen, ja Abgründe bis hin zur Selbstzerstörung, aber auch die Möglichkeit zu höchsten Erkenntnissen. Nicht umsonst war es früher das Zeichen der Magier und Geisterbeschwörer . . .«* In dem Stil geht's weiter; einige Zeilen sind durch ein wenig Blut unleserlich geworden, an der Stelle, wo der Kopf des Herrn Botzalis gelegen hatte. Handschriftlich steht am Rand der Seite neben dem heutigen Datum der lakonische Vermerk: »Selbstzerstörung«. Die Stimme des Chefs, der mir über die Schulter geguckt hat, erklingt: »Ist das seine Handschrift?« Ich blicke auf und sehe einen Menschen in der Tür stehen, der aussieht wie eine große Ratte, die sich feingeputzt und in den Sonntagsstaat ge-

Avron Botzalis liebte große Posen. Auch sein Tod erschien wie eine pompöse Selbstinszenierung.

worfen hat. Sie kommt flink herbeigewuselt und mustert scheu das Geschriebene. Dann nickt sie. »Das ischi. Isch seine Schrift.« Unnötig zu sagen, aber Musfeldt sagt es trotzdem, daß wir es mit dem Sekretär des Magiers zu tun haben ... »Meyer-Abisch«, stellt er sich vor und nestelt nervös an seinem lilaschillernden Schlips. Der Chef schneidet die Frage nach dem zweiten Schlüssel an. Heftig nickt der Sekretär aufs neue. »Ja, ja, hatte einen, hatte einen. Bloß verlegt. Weiß nich', wann ...« Und weiß nicht, wo. Und weg ist er, zur Tür hinaus. Musfeldt, dessen Magen unüberhörbar grollende Geräusche von sich gibt, ruft seinen Mannen zu, Schluß zu machen, und bedeutet dem Chef, daß er ihn jetzt zum Essen einladen dürfe. »War 'n glatter Selbstmord.« — »War cin glatter Mord«, erwidert der Chef. Doch Musfeldt watschelt bereits durch die Halle. »Kommen Sie, Weinstein?« tönt es ungeduldig.

Der Chef strebt dem Ausgang zu, ich lege den Folianten auf einen Tisch und lasse einen letzten Blick durch den Raum schweifen. Lediglich der Blutfleck auf dem Parkett, der bisher durch den Wälzer verdeckt worden war, erinnert an die Tragödie. Dann folge ich den beiden. Mord, wieso Mord? denke ich.

Welcher Umstand läßt auf Mord schließen?

Kinderkram

»Es war niemand im Haus«, berichtet das Kindermädchen Sandra stockend, »nur Andreas und ich. Es läutete. Ich öffnete die Haustür, zwei maskierte Männer drangen ein, zwangen mich, ihnen das Kinderzimmer zu zeigen, ich tat's, die Kerle banden mich an den Stuhl und verschwanden mit dem Jungen. Heute abend kommen die Eltern zurück, ich habe eben telefoniert.«
Das Zimmer des Fünfjährigen ist voll mit Spielzeug. Ein alter, verwitterter Mann, der Gärtner Bartels, brummt: »Tja, Herr Weinstein, Herr Samson, das war ja man meine Idee. Sie beide zu benachrichtigen. Bei einer Kindesentführung die Polizei zu holen ist so eine Sache.«
Richtig, das ist so eine Sache, obwohl wir von den Verbrechern bisher keinen Pieps gehört haben. Weinstein mustert den zerschnittenen Strick, mit dem das Mädchen gefesselt worden war, und bittet es ein zweites Mal, jenes seltene Kunststück zu demonstrieren. Sie schildert: »Hier, an diesen Stuhl wurde ich gefesselt; die Füße über Kreuz an den Knöcheln, Brustkorb und Bauch an die Stuhllehne und die Handgelenke an die Armstützen. Die Finger konnte ich gerade noch bewegen. Der Stuhl stand direkt vor der Fensterbank, die rechte Hand konnte ich knapp drauflegen und die Sachen erwischen, die ich dann durch das — Gott sei Dank — halb geöffnete Schiebefenster nach draußen schnippte. Geben Sie mir bitte mal den Buntstift — sehen Sie, so!« Sandra schnippt mit Erfolg und fährt fort: »Es war 15 Uhr, ich wußte, der Herr Bartels würde gegen 16 Uhr unten an der Haustür im Postkasten einen Zettel mit dem Vermerk hinterlassen, wieviel Stunden er im Park gearbeitet hat. Rufen und schreien war unmöglich, die Entführer hatten mir mit dem dicken Wolltuch da den Mund verbunden. Trotzdem, ich hatte ein Mordsglück, denn den Sicherheitsschlüssel für die Haustür hatte ich zufälligerweise auf die Fensterbank gelegt, dieses Zimmer liegt über der Haustür, und ich konnte ihn bequem aus dem Fenster katapultieren. Nur, würde ihn Herr Bartels auch sehen, da unten auf dem Kies? Also schnellte ich als erstes die kleine Figur aus dem Fenster, dann einen Buntstift, eine Tube mit Farbe und eine Spielkarte. Das war alles, was ich bequem erwischen konnte, und ich hoffte, der Schlüssel würde in dem Sammelsurium schon auffallen. Doch dann entdeckte ich ein unbenutztes weißes Kuvert, gerade noch in meiner Reichweite. Es gelang mir, den Schlüssel reinzuschieben und den Umschlag rauszuschnippen. Herr Bartels bemerkte ihn auf der Stelle ...« — »... tja, ich nahm den Schlüssel und ging ins Haus«, fährt der Gärtner fort, »der ganze Krimskrams vor der Tür und der Briefumschlag gaben mir zu denken. 'ne Viertelstunde später fand ich die junge Dame

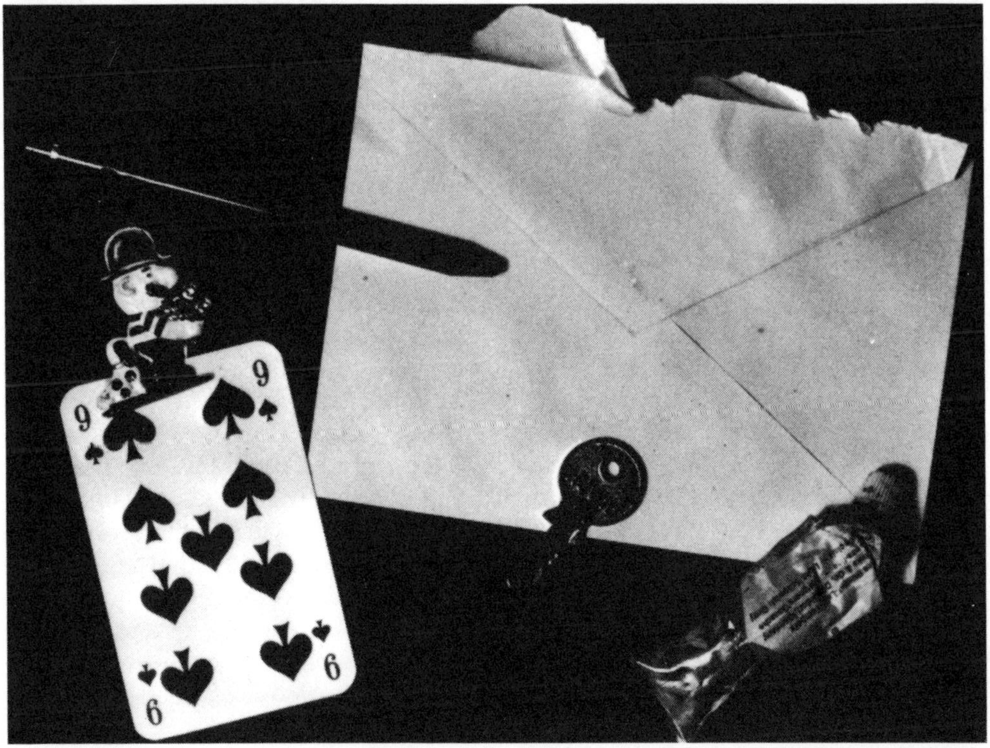

Diese Dinge, auch der kleine Herr Jakob, fielen aus dem Fenster und prompt dem Gärtner ins Auge.

so vor, wie sie es Ihnen eben beschrieben hat, meine Herren.« Wir begeben uns vor die pompöse Villa, betrachten Fenster und Haustür, betrachten die Wurfgeschosse, betrachten eindringlich Fräulein Sandra, die jäh erbleicht, als Weinstein bcllt: »Das Spiel ist aus! Geben Sie Ihren Komplizen diesbezüglich Bescheid, meine Beste! Sie haben das Ganze hübsch eingefädelt, zugegeben, aber ein blöder Schnitzer bricht Ihnen den Hals.«

Welcher Fehler unterlief Sandra?

Das Klubmitglied

Ich informiere Klaus Malsch in eindringlichem Ton: »Also, das ist unser brandneuer Plan: Sie fahren Professor Walsall um 18 Uhr 30 auf direktem Weg zum Flughafen. Wir haben das Gerücht ausgestreut, daß der Professor heute abend, um 20 Uhr, in der Universität einen Vortrag hält...« — »Wir sind da«, brummelt Weinstein. »Ja, halten Sie hier.« Er wendet sich huldvoll an mich. »Haben Sie's ein bißchen kleiner, Samson? Hab' nur 'nen Hunderter dabei.« Der Chef steigt aus. Und ich darf wieder mal das Taxi bezahlen, die alte Chose! Wenn ich ihn morgen daran erinnere, hat er garantiert nur Kleingeld in der Tasche.

Im Eingang der alten Villa lehnt Max Assel. »Alles friedlich, Boß«, sagt er zu Klaus Malsch. Malsch führt ein Unternehmen, das Wachleute und Leibwächter stellt. Zum Schutze des Professors hat Zeus Weinstein sieben Mann angeheuert. Professor Walsall ist ein unendlich wichtiger Geheimnisträger, mehr darf ich nicht verlauten lassen, genausowenig wie über die »Gegenseite«, deren Agenten unsichtbar oder unerkannt überall um uns herum sind. Im Garten, hinter dem Haus, schieben Tim Melle, »Big« Bruhns und »Klops« Petersen Wache, alles reizende Gesellen mit dubioser Vergangenheit. »Nix Verdächtiges« wird gemeldet; und auch der Professor im Wohnzimmer hat nichts Außergewöhnliches zu berichten. Seine Nichte Lilo, die Hauseigentümerin, bereitet uns einen Tee. In der Küche hokken Walter, Ben und Sigi und spielen Skat. »Ich schaffe den Professor um halb sieben zum Flughafen!« ruft Malsch. »Dort werden Uli und Jupp dafür sorgen, daß er heil nach Hause kommt.« Das Trio grunzt zustimmend, ohne aufzusehen. Daraufhin sitzen die Gastgeberin, Malsch und ich im Wohnzimmer; Weinstein und der Professor im Zimmer nebenan, und das ungefähr ein Dreiviertelstündchen. Um 18 Uhr 25 verlassen Malsch und Schützling durch den Hinterausgang das Grundstück — die Luft ist rein — und besteigen einen unscheinbaren VW, der in der Seitengasse geparkt worden ist.

Die Katastrophe in Stichworten: Gegen 19 Uhr 45 kehrt ein ramponierter Malsch zurück. Auf einer einsamen Straße ist der VW von drei maskierten, bewaffneten Männern gestoppt und der Professor mit brutaler Gewalt entführt worden! Malsch weist das ihm mitgegebene Schreiben eines sogenannten »Klubs« vor. Die Frage erhebt sich: Wer konnte diesen »Klub« rechtzeitig informiert haben, wohin unser Augapfel wann zu fahren gedachte? Hatte jemand aus der Skatrunde verräterisch im Flur telefoniert? Alle drei waren einzeln (angeblich) aufs Klo gegangen. Die Dame Lilo hatte unsere Runde einmal verlassen, um den Männern draußen eine Thermosflasche mit Tee zu bringen —

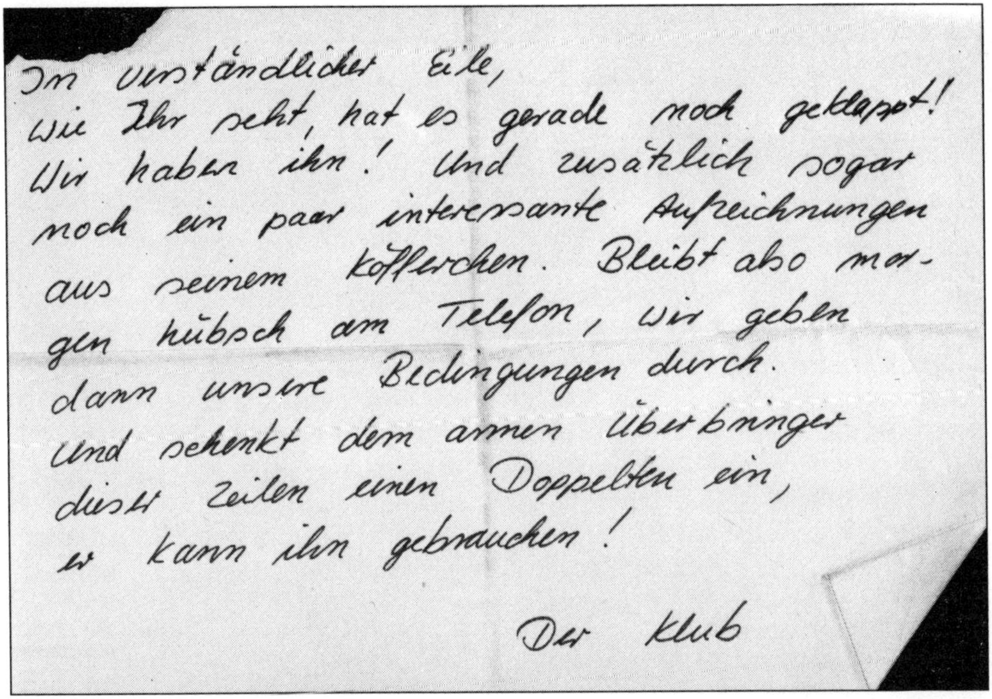
In verständlicher Eile,
wie Ihr seht, hat es gerade noch geklappt!
Wir haben ihn! Und zusätzlich sogar
noch ein paar interessante Aufzeichnungen
aus seinem Köfferchen. Bleibt also mor-
gen hübsch am Telefon, wir geben
dann unsere Bedingungen durch.
Und schenkt dem armen Überbringer
dieser Zeilen einen Doppelten ein,
er kann ihn gebrauchen!

Der Klub

Das Schreiben des ominösen »Klubs«, einer Organisation, deren Findigkeit beängstigend ist.

nun ja, sie hatte ihnen den Zeitpunkt der Abfahrt ihres Onkels mitgeteilt. Max Assel war stets allein auf der Vorderseite des Hauses geblieben, die nächste Telefonzelle ist spielend in knapp acht Minunten zu erreichen. Und die drei Typen im Garten? Die standen ebenfalls nicht ständig beisammen! Die liebe Nichte: »Ob ich heimlich in meinem Schlafzimmer telefoniert hab'? Wollen Sie mich verdächtigen — mich?« Klaus Malsch hebt die Faust: »Seid ihr bekloppt? Denkt ihr, der Überfall war fingiert, und ich, ich selber hab' die Scheiße arrangiert — ja, übrigens, wie denn?« Weinstein blickt finster in die Runde und knurrt: »Ich weiß, wer's gewesen sein könnte, gewesen sein muß.«

Auf wen spielt er an?

Der krächzende Zeuge

Samson: Weinstein bittet mich resigniert seufzend, ihm den Brief vorzulesen – wenn's unbedingt sein müßte. Es muß ganz und gar nicht sein, aber ich verlese: »Sehr geehrter Herr Weinstein, ich weiß nicht, ob Sie sich an mich erinnern, aber wenn, dann kann ich Ihnen ehrenwörtlich versichern, daß ich jetzt ein anständiges Leben führe, welches sich sehen lassen kann. Seit drei Jahren bin ich Hauswart bei Frau Else Riedenburg in ihrer Villa, und Frau Riedenburg war stets hochzufrieden mit mir. Doch nun ist sie unvermittelt tot, und zwar nicht mit rechten Dingen. Einige Leute sagen, Frau Riedenburg hätte Selbstmord gemacht – aber Pustekuchen! Die nicht, die war von morgens bis abends immer quietschvergnügt und kerngesund, schon vom Naturell her. Und ein Unfall dürfte auch nicht in Frage kommen, denn aus Versehen fällt niemand still und stumm vom Balkon im dritten Stock, meiner Erfahrung nach. Ich muß dringend befürchten, daß man Frau Riedenburg erst einmal betäubt oder bewußtlos geschlagen und danach seelenruhig vom Balkon gestürzt hat, damit ihr beklagenswertes Ende ganz harmlos und alltäglich aussieht. So was nenne ich Mord, Herr Weinstein, und wie ich Sie kenne, Sie auch. Nur einen bestimmten Verdacht habe ich leider keinen, bloß der Papagei von Frau Riedenburg hat mich stutzig gemacht, denn der war ganz aus dem Häuschen und sagte so was Komisches, und der hatte ja auch als unbestechlicher Augenzeuge alles gesehen, wenn was Ungesetzliches vorlag. Und würde ich der Polizei das Drum und Dran mitteilen, denkt die bestimmt, ich hätte eine Meise, oder ich will von mir selbst als Täter ablenken, der ich im Traum nicht bin. Darum schreibe ich Ihnen, Herr Weinstein. Hochachtungsvoll Ihr Otto Kirchtimke. Anbei meine Adresse und Telefonnummer.«

Weinstein blickt mich hilflos an, und ich beeile mich, seinem Gedächtnis nachzuhelfen.
Otto Kirchtimke, ein kleiner Spitzbube ohne Fortüne und als professioneller Urkundenfälscher und Heiratsschwindler so talentiert wie ich als Steptänzer, hatte vor langer Zeit unsere Wege zweimal und die der Polizei mindestens zwanzigmal gekreuzt. Kein Wunder, daß er auf eine weitere Begegnung mit ihr liebend gern verzichten wollte — aber warum ließ Kirchtimke die dubiose Angelegenheit dann nicht einfach auf sich beruhen?
Auch Zeus Weinstein gibt diesem Gedanken Ausdruck.
Ich schlage dem Chef vor, den Papagei zu konsultieren. Das sollte ein Witz sein, versteht sich. Und was antwortet der für jeden Scherz Unempfängliche allen Ernstes? »Eine gute Idee, Samson, in der Tat«, antwortet er.
(Gezwitscher von mehreren Kanarienvögeln)
Und so sitzen wir zwei Stunden später Otto Kirchtimke und zirka einem Dutzend Kanarienvögel in seiner unbeschreiblich scheußlich eingerichteten Souterrainwohnung im Hause Riedenburg gegenüber. Kirchtimke stolziert wichtigtuerisch im Zimmer auf und ab und bramarbasiert:
Otto Kirchtimke: Tja, meine Herren, das is' 'ne gnadenlose Tragödie sondergleichen. Also, vor drei Tagen — so gegen 8 Uhr — ging ich wie üblich nach oben, um aufzuräumen. Ich bin, 'tschuldigung, war, sozusagen Mädchen für alles bei Frau Riedenburg. In der Küche bemerkte ich, daß die ständige Frühaufsteherin noch nich' ihr'n Tee getrunken hatte, lief die Treppe hinauf in den dritten Stock und klopfte an die Schlafzimmertür. Nischt — kein Muckser. Ich klopfte an die andere Tür, nebenan vom Schlafzimmer, da is' ihr kleines Studierstübchen, so nannte sie das. Frau Riedenburg übersetzte viel von 's Englische ins Deutsche für 'nen Verlag, obwohl sie Geld wie Heu hatte, nur so aus Jokus. Ich meine, aus Jokus übersetzte sie das Zeug, so mein' ich das. Also, ich klopfte und klopfte und rief — wieder

nischt, kein Piep; ich linste ins Zimmer, und tatsächlich — niemand war drin. Nee, Moment, der Jockeli war natürlich drin, ihr Papagei, den sie vor zwei Wochen gekauft hat. Klar. *Der* war drin, ja — und die Balkontür stand sperrangelweit offen. Un' da hatt' ich so 'ne Ahnung, so 'ne Vorahnung, und wetzte auf'n Balkon und guckte runter — und, na ja . . .
Tja, da lag die Riedenburg unten auf der Terrasse — 'n echtes Schicksal, nich'? *(Seufzt)*
— Tja. Und der Arzt meinte, die Arme möchte gut und gern seit acht Stunden tot sein, und das wär ja man 'n schlimmer Unfall, aber ich meine, Herr Weinstein, Frau Riedenburg hat am Abend vorher garantiert 'nen zweifelhaften Besucher gehabt, und der . . . na ja, ich hielt besser meinen Mund, Herr Weinstein.
Samson: Weinstein erkundigt sich gereizt, was zum Teufel der Papagei mit der Sache zu tun hätte.
Otto Kirchtimke: Passen Sie auf, Herr Weinstein, nun wird's direkt mysteriös. Der Jockeli konnte auf hochdeutsch maximal zwei Sprüche kloppen, nämlich erstens: »alter Affe« und zweitens »wie bitte«. »Alter Affe« und »wie bitte«, mehr nich'. Das war sein gesamtes Reparatuar. So. Und als ich an dem Unglücksmorgen in das Zimmer kam, da kreischte der Jockeli erst wie verrückt und krächzte plötzlich laut und deutlich: »Laß mich in Ruhe, dumme Gans.« Is' doch merkwürdig, was? Hatte Frau Riedenburg den Ausspruch etwa zu dem späten Gast geäußert, am Abend vorher; möglicherweise nich' nur einmal, sondern öfter, und das aus vollem Hals? Ich bin ja kein Detektiv wie Sie, Herr Weinstein, aber Otto, hab' ich gedacht, Mensch, Otto, wenn einem das nicht zu denken gibt.
Samson: Zeus Weinstein erklärt kategorisch, daß er nicht Dr. Doolittle sei und Papageien als Zeugen der Anklage nicht akzeptiere. Trotzdem wünsche er den Vogel zu sprechen — äh, zu besichtigen.
Otto Kirchtimke: Der hockt in der Küche. Ich hab' ihn bei mir aufgenommen.

(Kanarienvögelgezwitscher)
Samson: Jawohl, dort hockt er, der graublaue Papagei. Er döst in seinem Bauer vor sich hin; der Käfig steht mitten auf dem Küchentisch neben dem Telefon und einer Anzahl geleerter Bierflaschen. Es dauert ein Weilchen, ehe Jockeli geruht, das Wort an uns zu richten: *(Papagei kreischt erst etwas; spricht später: »alter Affe« und »wie bitte«.)*
Wir sind nicht übermäßig beeindruckt. Weinstein examiniert ostentativ seine Armbanduhr und strebt über den Flur der Haustür zu.
Otto Kirchtimke: Schade, daß Sie schon abschieben wollen, meine Herren. Gleich rücken nämlich die einzigen Verwandten der Verstorbenen an, ich war so frei, die Leutchen einzuladen; nee, nee, nich' in meine gute Stube, sondern nach oben, in Frau Riedenburg ihren Salon. Un' im Vertrauen, Herr Weinstein, die beiden erben 'nen schönen Batzen Geld, das hat mir Frau Riedenburg bei Gelegenheit verraten. Zwei regelrechte Glückspilze — das sind Frau Riedenburgs Cousine Irmgard Löffler, die hab' ich angerufen, und Frau Riedenburgs Neffe Karl-Sebastian, dem mußte ich kostspielig auf eigene Rechnung telegrafieren, der lebt außerhalb und reist extra an.
Samson: Weinstein offenbart Interesse, und wir warten eine Dreiviertelstunde im erwähnten Salon. Dann läutet es an Frau Riedenburgs Haustür, und Frau Löffler erscheint; zwanzig Minuten später fährt der Neffe Karl-Sebastian in einem Taxi vor. Majordomus Otto Kirchtimke serviert Kaffee, Gebäck und Cognac. Die Verblichene — in Öl — lächelt mild von der Wand. Frau Löfflers Blick wandert von dem Konterfei ihrer Cousine Elsa zu Kirchtimkes Gaunervisage hinüber.
Frau Löffler: Na, mein Bester, ich gratuliere. Möglicherweise plaudere ich aus dem Nähkästchen, aber die großzügige Elsa bekannte mir vor längerer Zeit, daß sie ihrem treuen Otto eine anständige Apanage aussetzen würde — eine *sehr* lukrative Apanage; na ja, verdient ist verdient, nicht wahr? Sie kümmerten sich ja auch dermaßen

rührend um die Elsa. Wie um Ihr eigenes lieb' Mütterlein.
Samson: Der treue Otto überhört geflissentlich die erstaunliche Eröffnung. Peinliches Schweigen. Karl-Sebastian, ein semmelblonder junger Mann mit Sommersprossen, stottert in die Stille:
Karl-Sebastian: *(leicht stotternd)* W.. w.. wohnte T.. Tantchen sonst ganz allein im Haus? Ich ha.. habe Tante Elsa seit langem nicht besucht oder mit ihr telefoniert...
Frau Löffler: *(scharf)* Du hast sie nicht besucht, du hast ihr nicht geschrieben, auch nicht zu Weihnachten, du hast dich überhaupt nie bemüht — allerdings... ich muß es gestehen, ich war auch ein Vierteljahr nicht bei ihr. Doch ich habe Else wenigstens des öfteren geschrieben. Jawohl, Karl-Sebastian, deine Tante lebte allein hier, wenn man von der fragwürdigen Gesellschaft dieses aufopfernden Wohltäters absieht.
Samson: Der Apostrophierte entgegnet gravitätisch:
Otto Kirchtimke: Seitdem der Jockeli im Haus ist, konnte Frau Riedenburg spielend leicht auf das unterhaltsame Geplapper Ihrerseits verzichten, Frau Löffler.
Frau Löffler: Jockeli? Wer oder was ist Jockeli?
Karl-Sebastian: I.. ist d.. das ein Hund? Ha.. hat sich T.. Tantchen ei.. nen Hund ang.. geschafft?
Otto Kirchtimke: Jockeli ist ein Vogel, Frau Löffler, und er ist seit dem Verbr..., seit dem Unglücksfall unten bei mir und bei seinesgleichen. Ich besitze 13 glückliche Kanarienvögel...
Frau Löffler: Ein Vogel?
Otto Kirchtimke: Jawohl. Und dieses Tier war dabei, als Frau Riedenburg, meiner Meinung nach, in ihrem Studierzimmer heimtükkisch attackiert und ermordet wurde.
Karl-Sebastian: ... er.. ermordet? Sie, Sie spin.. spinnen wohl..., Herr K.. K.. Kirchtimke.
Frau Löffler: *(lacht schrill auf)* Soso, die Elsa wurde ermordet! Ermordet? Daß ich nicht lache!

Aha, deshalb weilt dieser gefeierte Kriminalist unter uns.

Karl-Sebastian: Na, ... haben Sie ihn denn v.. ver.. verhört, Herr, Herr W.. Wein.. b.. berg? H.. hat d.. der P.. P.. Papa.. g.. gei d.. den N.. amen des T.. Täters sch.. schon ge.. genannt?

Frau Löffler: Das ist ja das reine Affentheater! Aber wenn in dieser Runde allen Ernstes von Mord und Totschlag gequatscht werden soll, Herr Kirchtimke, dann hätte ich an *Ihrer* Stelle das Thema nicht angeschnitten ...

Otto Kirchtimke: Fordern Sie mich nicht heraus, Frau Löffler. Ausgerechnet Sie ...

Samson: Der gefeierte Weinberg gebietet herrisch Silentium und — zu meiner grenzenlosen Verblüffung — dem Otto Kirchtimke, den Papagei zu holen, den leibhaftigen Augenzeugen. Kirchtimke trabt triumphierend von dannen. Der Chef zieht einen beschriebenen Briefbogen aus der Tasche und berichtet, daß ihm der alte Halunke diesen Schrieb vorhin auf der Treppe in die Hand gedrückt habe. Es handele sich um einen nicht abgesandten Brief von Frau Riedenburg an ihre Cousine Irmgard Löffler, er sei drei Wochen alt und dem sicherlich überall herumschnüffelnden Otto »rein versehentlich« in die Hände gefallen — euphemistisch gesprochen.

Und abermals verlese ich heute ein inhaltsschweres Schreiben: »Liebe Irmgard, es ist vollkommen zwecklos, mir andauernd diese Bettelbriefe zu schicken. Deine horrenden Schulden gehen mich einen Scheißdreck an, ich habe dir tausendmal gepredigt, nicht wie eine Irrsinnige beim Trabrennen zu wetten! Laß mich in Ruhe, dumme Gans. Elsa.«

Eine prägnante Epistel! Augenblick mal — laß mich in Ruhe, dumme Gans? Vernahm ich diesen kategorischen Imperativ nicht vorhin schon einmal? Natürlich! Das war doch angeblich die dritte, zivilisierte Redewendung, die der gelehrige Papagei neuerdings beherrschen soll. Ich fixiere Frau Löffler. Ihr Antlitz ähnelt einem pu-

terroten Ballon. In die eingetretene Grabesstille schrillt nervenzerfetzend das Telefon . . .
(Telefon schrillt.)
Den Apparat in Reichweite, lange ich nach dem Hörer. Otto Kirchtimke meldet sich am anderen Ende der Leitung. Brüllend. Jeder im Zimmer kann ihm mühelos sein Ohr leihen, wenn ich den Hörer ein wenig von meinem Horchlöffel entfernt halte.
Kirchtimke: *(am Telefon, aufgeregt. Im Hintergrund schnattert der Papagei.)* Ich bin hier unten in meiner Küche! In meiner Küche! Sind Sie das, Herr Samson? — Herr Samson, er sagt es! Er sagt es! Hören Sie selbst!
Samson: Ich lausche. Wir lauschen alle. Und tatsächlich — der wakkere Jockeli ertönt, leidlich artikuliert quäkend:
(Aus dem bisherigen Geschnatter hört man plötzlich den Satz.)
Papagei: Laß mich in Ruhe, dumme Gans. — . . . Laß mich in Ruhe, dumme Gans.
Samson: Weinstein nimmt mir grinsend den Hörer aus der Hand und legt auf. Das Antlitz von Frau Löffler färbt zur Abwechslung ein dezentes Grün. Karl-Sebastian kapiert nur . . .
Karl-Sebastian: . . . B . . B . . Bahnhof, ich k . . kapiere nur B . . Bahnhof.
Samson: Die Dezent-Grüne kapiert besser:
Frau Löffler: Ist das ein Komplott von Tollhäuslern gegen mich, angestiftet von einem habgierigen Schurken und untermauert durch das Geschnatter eines Papageis? Zugegeben, ich stehe bei ein paar Leuten ziemlich hoch in der Kreide — na und? Man kann mich doch nicht des Mordes bezichtigen, nur weil ich Elsa anpumpen wollte und weil der idiotische Papagei Elsas beleidigenden Satz zitiert . . . Nebenbei, wenn's überhaupt der Papagei war. Ach was — das war kein Papagei, das war ein Schwein — das Saustück Otto war's, der 'nen Papagei imitiert hat.
Samson: Zeus Weinstein neigt das Haupt und konzediert Frau Löff-

ler, daß sie mit ihrem Mißtrauen nicht allein dastehe — er hege ebenfalls leisen Argwohn. Doch man könne es sich nunmehr ersparen, den Vogel und Kirchtimke ins Kreuzverhör zu nehmen, da eine bestimmte, mörderische Person . . .,

. . . hier wird Weinstein unterbrochen, die Tür fliegt auf, und der siegestrunkene Otto blökt:

Otto Kirchtimke: Der Beweis! Der schlagende Beweis! Haben Sie'n protokolliert, Herr Samson?

Samson: . . . da eine bestimmte mörderische Person sich eindeutig verraten hätte. Eindeutig. Tja, und wenn Sie nicht so baff sind wie ich, dann müssen Sie es ja wissen:

Also, wer ist diese Person, und wodurch verriet sie sich?

Phantomkiller

»Ein Fall nach Ihrem Herzen, Weinstein«, dröhnt Kommissar Musfeldt. »Ein ziemlich zwielichtiger Kunde, der Waffenhändler Konstantin Blix, ist erdolcht worden, obwohl er von drei gewieften Leibwächtern umgeben war, Uli, Pitt und Fred mit Namen. Ich hab' zufällig ihre Aussagen bei mir.«
Musfeldt zückt sein Notizbuch. »Uli sagte aus: ›Dieser Blix verließ kaum noch das Haus und faselte ständig von Drohbriefen und von gekauften Killern. Nachts schliefen Pitt und Fred in den Räumen, die rechts und links neben seinem Schlafzimmer liegen, alle drei Zimmer gehen vom Flur ab. Ich hatte meistens Außendienst im Garten. Dieser Schißhase von Blix schloß immer, wenn er zu Bett ging, alle Türen ab, auch die zwei Türen, die direkt von seinem Schlafgemach aus zu den Zimmern von Pitt und Fred führen. Daß er die von oben bis unten verglaste Verandatür verriegelte, ist verständlich. Also — gestern nacht ging Blix gegen 23 Uhr zu Bett und löschte das Licht. Das konnte ich durch das Fenster der Verandatür sehen, die Vorhänge waren nicht zugezogen. Ich machte meine Runde, kam nach zehn Minuten zum Haus zurück, und da fiel ein Schuß. Und zwar eindeutig im Schlafzimmer. Ich lief zur Verandatür, konnte drinnen natürlich nichts erkennen, hechtete zum nahen Hintereingang und rannte den Flur runter zur Schlafzimmertür. Die war abgeschlossen, wie gehabt. Gerade als ich mich dagegen warf, kam der Pitt aus seinem Zimmer; er hatte vergeblich versucht, seine Verbindungstür zu Blixens Schlafzimmer aufzubrechen. Ein Weilchen später tauchte Fred aus seinem Zimmer auf, völlig verpennt. Er sei erst von unserem Krach auf dem Flur geweckt worden, sagte er. Mit vereinten Kräften schafften wir die Tür. Blix lag im Pyjama auf dem Boden. Er hatte ein Messer in der Brust, mitten im Herzen, wie der Arzt später feststellte. Die Verandatür war verriegelt, die Türen zu den Zimmern der beiden waren verschlossen, die Schlüssel steckten von innen, selbstredend auch der von der Tür zum Flur. Von einem Eindringling keine Spur. Wir fanden nur diese komische Karte auf Blixens Bett . . .‹ Hier ist sie«, fügt Musfeldt hinzu. »So, weiter im Text. Die Aussagen von Pitt und Fred decken sich mit der von Uli. Und noch was, Weinstein. Neben dem Toten lag sein Revolver, ein Schuß war abgefeuert worden. Nur konnten wir leider beim besten Willen keine Kugel entdecken. Im ganzen Zimmer nicht. Wir haben die Wände, die Decke, die Möbel, den Fußboden Zentimeter für Zentimeter abgegrast. Selbst in den Nebenzimmern und im Flur haben wir gesucht. Nirgends ein Einschußloch, auch in den Scheiben nicht. Und keiner von den drei Nachtwächtern ist blessiert.« — »Könnten die drei nicht zusammengearbeitet haben?«

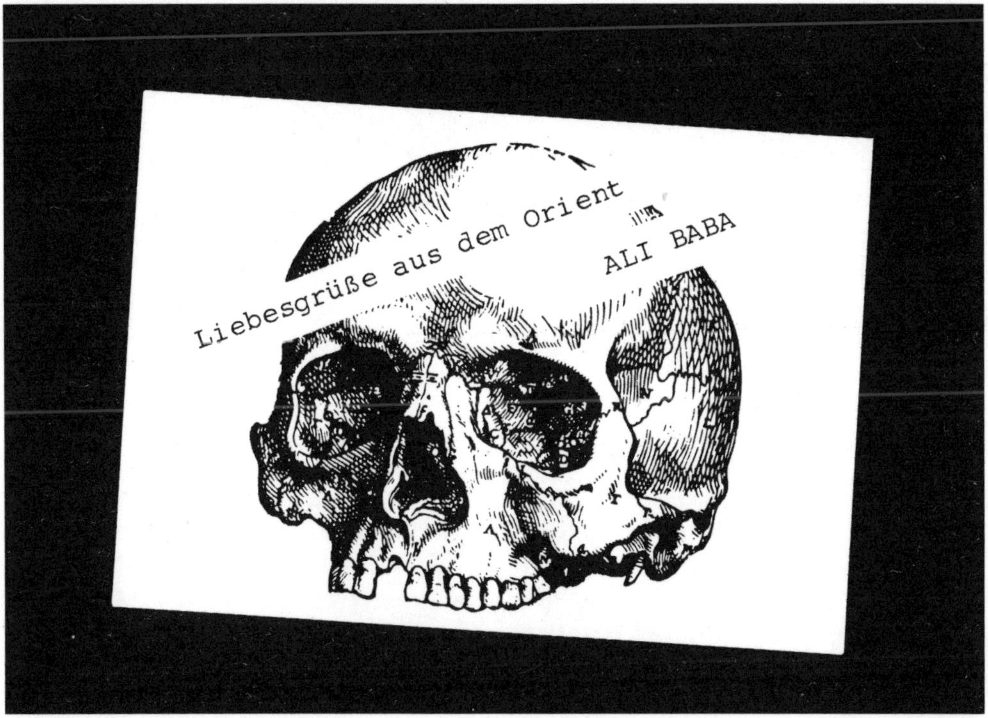

Die freundliche, aber tödliche Botschaft wurde dem Empfänger auf geisterhafte Weise übermittelt.

fragt Weinstein. — »Nein. Hab' ich gecheckt.« — »Gut«, sagt Weinstein. »Meine Hypothese: Der Täter — einer von den dreien — klopft an Blixens Tür — an eine von den vieren — und bedeutet ihm, er müsse ihm etwas Wichtiges melden. Blix öffnet sie, warum nicht, seinen Gorillas vertraut er. Der Täter tritt näher, Blix sieht das Messer, vermutlich hält er seinen Revolver parat, Blix feuert, daneben, vielleicht schon im Sterben. Das Messer kann auch geworfen worden sein. Der Täter rennt dahin zurück, woher er gekommen ist — das heißt, in einem Fall nicht —, er schließt jedenfalls nach seiner Flucht eine der drei Zimmertüren von außen ab. Bei dem nachfolgenden Tohuwabohu am Tatort kann er unbemerkt den Schlüssel wieder von innen an der betreffenden Tür plazieren. Sie verstehen, Musfeldt?« — Musfeldt versteht ausschließlich Bahnhof. Der Chef seufzt: »Denken Sie an einen bestimmten Umstand. Dieser Umstand liefert eindeutig den Fingerzeig, woher der Täter kam.«

Wer ist der Täter?

Dreiertreffen

Kommissar Walter Musfeldt platzt ungebeten in unser Büro, gerade, als der Chef eine Flasche Champagner öffnet. »Nanu, was ist denn hier los?« fragt Musfeldt und läßt sich, ebenfalls ungebeten, in einen Sessel fallen. — »Herr Weinstein feiert heute den 130. Geburtstag von Sherlock Holmes«, erkläre ich. Es ist der 6. Januar 1984, 21 Uhr. — »Für mich ein Bier, bitte«, sagt Musfeldt, der sich über nichts mehr wundert, was den Chef betrifft. »Ich dachte immer, dieser Holmes sei eine Romanfigur«, fügt er sinnend hinzu. Weinstein mustert den Beamten, wie man eine Qualle betrachtet. »Was führt Sie zu uns, Musfeldt?« fragt er ihn. Ich gehe in die Küche und hole das Bier.

Musfeldt labt sich und nuschelt: »Sie wissen sicherlich, daß man Freddie Mooz vor Weihnachten aus der Haft entlassen hat? Man konnte ihm nichts anhängen.« Das wissen wir. Dem Big Shot der hiesigen Unterwelt konnte man nie was Ernsthaftes anhängen. Bei gut einem Dutzend Strafverfahren gab es nur Freisprüche und Einstellungen — Zeugen waren umgefallen, Strafanträge zurückgezogen worden.

»Er ist tot«, fährt Musfeldt pathetisch fort. »Er ist heute nachmittag erstochen worden.« — »Soso«, meint der Chef und nippt an seinem Champagner. — »Mooz traf sich gestern mit zwei Konkurrenten aus dem Milieu in seinem Landhaus, das daraufhin von drei Beamten der Sonderkommission diskret observiert wurde. Die beiden sind der ›Izmir-Herbert‹ und ›Sir Albert‹. Heute mittag machten die feinen Herrschaften einen Spaziergang, und zwar ohne ihre Leibgarde. Im Wald nahm jeder von ihnen unvermittelt einen anderen Weg, und die Beamten verloren sie aus den Augen. Dann hörten die Männer zwei Schüsse und setzten sich in Trab. Ein Viertelstündchen später trafen sie auf die drei — einer lag auf dem Boden mit seinem eigenen Jagdmesser in der Brust: Freddie Mooz.« Der Kommissar blättert in seinem Notizbuch.

»›Sir Albert‹ sagte aus: ›Gegen 15 Uhr ging ich zum Haus zurück, ich hatte ein paar Naturaufnahmen gemacht. Freddie wollte in der Zeit nach einem beschädigten Hochstand sehen, er ist ja Jäger, und Herbert wollte irgendwo Schießübungen mit seiner Pistole abhalten. Ich hörte die Schüsse ganz in der Nähe, kam auf die Lichtung, und da lag er, Freddie, mit seinem Messer in der Brust. Ich dachte, vielleicht lebt er noch, vielleicht hilft es ihm, wenn ich das Messer rausziehe. Ein idiotischer Gedanke, klar. Also, ich hatte schon den Griff in der Hand, da hörte ich Herbert hinter mir was grölen, und mir fiel ein, daß es wohl besser sei, das Messer drin zu lassen und nichts anzurühren.‹

›Izmir-Herbert‹ sagte aus: ›Ich zielte zweimal auf so 'nen dicken Baumpilz, ging weiter und kam auf die Lichtung.

Ein einsames Haus, ein Ganovenmeeting, ein Mord, alles an Sherlock Holmes' Geburtstag.

Albert beugte sich gerade über Freddie, es sah akkurat so aus, als stieße er dem am Boden Liegenden das Messer in die Brust. Ich rief was, und Herbert sprang auf.‹« Musfeldt hebt wichtigtuerisch seine Stimme: »Aufgepaßt, Weinstein. Es ist erwiesen, daß sich um die Zeit in dem Waldgebiet keine einzige Menschenseele befand, außer den dreien. ›Sir Albert‹ hat tatsächlich in der Gegend rumgeknipst, wir haben den Film entwickelt, und ›Izmir-Herbert‹ hat eindeutig in der Gegend rumgeknallt, wir haben den erwähnten Baumpilz und Umgebung in Augenschein genommen und Herberts Waffe inspiziert. Und die einzigen Fingerabdrücke auf dem glatten Griff des Messers stammen von ›Sir Albert‹. Übrigens, Freddie hat eine Verletzung am Hinterkopf, es sieht so aus, als hätte man ihn zuerst niedergeschlagen, ehe der Mörder das Messer benutzte. Tja ...« — »Da Selbstmord kaum in Frage kommt«, sagt Weinstein, »wirft der Fall doch kein Problem auf. Der Mörder ist ...«

Wer ist der Mörder? Warum?

Schützenfest

Kommissar Walter Musfeldt räkelt sich in Weinsteins Lieblingssessel und druckst herum. Natürlich will er etwas loswerden, aber Weinstein läßt ihm keine Chance und plaudert mit ihm übers Wetter und Gott und die Welt. Ich bin gütig gestimmt und frage nach. »Tja«, grunzt Musfeldt dankbar. »Nun hat's geknallt. Das Messer neulich war der Auftakt gewesen.« Der Kommissar spielt auf die heimische Unterwelt an und auf unseren letzten Fall. — »In Gottes Namen, erzählen Sie schon, Musfeldt«, ächzt der Chef und wirft mir einen vernichtenden Blick zu. Musfeldt hebt an: »Wie wir wissen, wurde Freddie Mooz von den drei Ganoven erstochen und ›Izmir-Herbert‹ als Täter entlarvt — wobei Sie in Ihrer Berichterstattung einen Fehler gemacht haben, Samson. In der von mir zitierten Aussage von Herbert muß es heißen: ›Ich rief was, und Albert sprang auf.‹ Sie aber schrieben: ›. . . Herbert sprang auf.‹ Idiotisch, Herbert spricht doch nicht plötzlich von sich in der dritten Person, ebensowenig, wie er ›aufzuspringen‹ hatte.« — »Druckfehler«, lüge ich.

»Also, zur Abwechslung hat jetzt ›Sir Albert‹ einen lästigen Konkurrenten erledigt«, fährt Musfeldt fort. »Und zwar gestern in seinem eigenen Haus. Allerdings in Notwehr, behauptet er.« Der Kommissar zückt sein Notizbuch. »Hier Alberts Aussage: ›Am Dienstag nachmittag, gegen 15 Uhr, ging ich von meinem Schlafzimmer die Treppe hinunter in die Halle. Die Haustür war geschlossen, aber ein Fenster stand offen. Und dann entdeckte ich einen Mann, der an der Wandtäfelung herumfummelte, genau an der Stelle, wo ein Geheimfach eingebaut ist. Der Kerl hörte mich kommen, fuhr herum; er hatte sofort eine Pistole in der Hand und legte auf mich an. Ich stolperte, Gott sei Dank, fiel die restlichen Stufen hinab und lag bäuchlings auf dem Teppich. In dem Moment feuerte er; die Kugel ging knapp über mich hinweg. Der Kerl zielte ein zweites Mal, doch da fing Caligula, mein Schäferhund, im Nebenzimmer an zu toben und zu kläffen. Wieder Glück gehabt — denn der Kerl drehte sich erschreckt um. Ich zog noch im Liegen meine Waffe und schoß, quasi im selben Augenblick, das ging blitzschnell. Ich bin ein guter Schütze in jeder Stellung, auch platt auf dem Bauch. Na ja — und danach erkannte ich, wer der Eindringling war; der ›Manhattan-Max‹ war's.« — »Na fein«, sagt der Chef. »Und?« — »Das Merkwürdige ist, daß Alberts Leibgarde ›zufällig‹ nicht zugegen war«, erklärt Musfeldt. »Die schiebt sonst 24 Stunden am Tag Wache. Bloß gestern war kein Schwein im Haus oder auf dem Gelände, nur der Köter tat seine Pflicht, doch der tobte ja angeblich im Nebenzimmer, aus dem er nicht mal heraus konnte. Die treue Garde war wohl geschlossen auf einem Betriebsausflug im

Ein wenig anheimelndes Refugium, das man nicht betreten sollte. Es liegt zu viel Blei in der Luft.

Puff.« — »Waffenschein?« fragt der Chef. »Na klar, was denken Sie. Albert hat ein ganzes Waffenarsenal und einen Schießstand hinterm Haus. Er ist wirklich ein irrer Schütze. Die Kugel trat in den Rücken ein, ein paar Zentimeter über dem Herzen, und traf es dann genau in der Mitte. Die andere Kugel stammt aus der Waffe von ›Manhattan-Max‹, einer Walther-PPK, Kaliber 7,65 mm; wir popelten das Geschoß aus der Wand hinter der Treppe. Der Max muß durch das Fenster eingestiegen sein.« — »Wenn er nicht freundlichst eingeladen und in voller Absicht umgelegt worden ist«, sagt Weinstein. »Das ganze Drum und Dran hat man fingiert. Ein gewisser Umstand gibt mir zu denken, Musfeldt.«

Welcher Umstand ist gemeint?

Eiskalt beerdigt

Herr Sebastian Lichtenkamp liegt in seinem Bett. Nur der Kopf ist zu sehen; das Kissen, auf dem er ruht, ist mit Blut befleckt, das aus der Einschußwunde an seiner rechten Schläfe floß. Vorsichtig nimmt Weinstein mit seinem Taschentuch den Revolver von der Bettdecke. »Sie haben hier nichts berührt oder verändert, gnädige Frau?« fragt der Chef die bleich und stumm dastehende ältere Dame. Eleonore Lichtenkamp, die Schwester des Toten, klemmt sich einen altmodischen Kneifer auf die Nase. »Nein, wir haben hier nichts berührt, der Martin und ich.« Martin Lichtenkamp ist das dritte und jüngste Familienmitglied, aber auch nicht mehr gerade taufrisch. Er weilt zur Zeit in der Bibliothek des Hauses, unten im Parterre, und erledigt telefonisch alle notwendigen Formalitäten. Der Revolver gehöre ihm, er wurde stets in einer unverschlossenen Schublade aufbewahrt, hatte Martin uns erklärt, als wir eintrafen. Weinstein blickt sinnend aus dem Fenster auf den verschneiten Park.
»Das Hausmädchen auch nicht?« — Das ebenfalls betagte Hausmädchen, seltsamerweise Karlchen gerufen, sei überhaupt nicht im Schlafzimmer gewesen, sagt Frau Lichtenkamp. »Mein Bruder und ich hörten in der Halle den Schuß, rannten nach oben und fanden Sebastian so vor. Wir sahen sofort, daß nichts mehr zu machen war, und fragten uns, was jetzt zu tun sei. Sollten wir einen Arzt, die Polizei oder sonst wen anrufen . . .?« Die Dame entschied sich für sonst wen, also für Zeus Weinstein. Der bürgt für Qualität und Diskretion, und der wird einem schon die peinliche Plackerei mit den amtlichen Instanzen abnehmen — so war's sicher gedacht. Frau Lichtenkamp wendet sich an mich: »Sebastian litt seit langem an Schwermut, Herr Samson. Er sprach des öfteren von Selbstmord. Und ganz besonders oft, nachdem Tolstoi gestorben war. Danach drehte Sebastian schier durch.« — »Tolstoi?« frage ich. — »Sein treuer Hund, meine Herren. Er entschlief vor ungefähr einer Woche. An Altersschwäche. Sie können ihn noch im Park bewundern. Die Temperatur draußen liegt ja seit Tagen unter dem Gefrierpunkt.« Eleonore Lichtenkamp bemerkt unser gelindes Befremden. »Oh, nein — nicht das, was Sie denken. Sebastian war ein begeisterter Schnee-Bildhauer. Er hat Tolstoi gestern aus Schnee und Eis über dessen Grab modelliert — mit Schaufel, Spachtel, aber hauptsächlich mit seinen nackten Händen. Sie sind ihm fast erfroren dabei.« Ich schlage die Bettdecke zurück. Herr Lichtenkamp trägt ein blaues Unterhemd, eine lange, knallrote Unterhose und nur eine Wollsocke, und die am rechten Fuß. Seine Hände zeigen weder Frostbeulen noch sonst irgendwelche Kälteeinwirkungen. Die linke Socke findet sich bald auf dem Fußboden neben

Ein rührendes Denkmal. Das Werk eines Künstlers, den bald selbst das kühle Grab decken wird.

den Schuhen. Hose, Oberhemd, Pullover liegen auf einem Schemel. — »Hat Ihr Bruder ein Testament oder einen letzten Gruß hinterlassen?« fragt der Chef. Die Angesprochene schüttelt trauervoll verneinend den Kopf. Über das Familienvermögen wird wohl einzig und allein der nunmehr Dahingeschiedene bestimmt haben, schießt es mir durch den Kopf.

Und genau nach diesem Punkt erkundigt sich der Chef, als wir mit den zwei Geschwistern vor dem eisigglänzenden Denkmal von Tolstoi stehen. Martin Lichtenkamp nickt verhalten: »So war's.« — »Ein dummer Kunstfehler«, murmelt der Chef, ohne seinen bewundernden Blick von Sebastians Werk zu lassen. »Der hätte Ihnen beiden nicht passieren dürfen.«

Welcher Fehler ist gemeint?

Dumpfe Vorahnung

»Ich kam genau zwanzig Minuten später als meine Frau nach Hause«, sagt Juwelier Eberhard Wittorf. »Es war Punkt 18 Uhr. Die Standuhr in der Halle schlug gerade, als ich die Haustür aufschloß.« Weinstein betrachtet bekümmert die tote Frau Wittorf, die, halb sitzend, halb liegend, in einem Sessel ruht. Ihr rechter Arm hängt schlaff von der Lehne herunter, als weise er auf den Revolver, der neben dem Sessel auf den Teppich gefallen ist. »Das ist meine Waffe«, erläutert der Juwelier. »Sie wissen ja, die vielen Einbrüche in der letzten Zeit.« Wir wissen, denn wir haben den Auftrag, diesen Fällen nachzugehen.

Weinstein beugt sich vorsichtig über die Tote und mustert das Einschußloch in ihrer rechten Schläfe. — »Ich hatte irgendwie eine dumpfe Vorahnung«, murmelt Wittorf. »Anna litt seit Monaten unter Depressionen. Ja, sie hat sogar mal was von Selbstmord gesagt.« — »Sie haben die Tote und den Revolver nicht berührt?« fragt der Chef, ohne die Waffe näher zu inspizieren. Herr Wittorf schüttelt den Kopf. »Nein. Ich habe nur Annas Abschiedsgruß von der Kommode genommen. Er lag in einem aufgeschlagenen Buch mit irgendwelchen weihnachtlichen Motiven.« Wittorf reicht uns eine Karte. »Seltsam, Samson«, sagt der Chef und legt sie auf das Buch zurück. — »Den Revolver bewahre ich hier in der Schreibtischschublade auf«, erklärt Wittorf. »Das wußte Anna.« — »Wann haben Sie Ihre Frau zuletzt gesehen?« fragt Weinstein. — »Heute morgen, beim Frühstück, bevor ich ins Geschäft ging.« — »Und gesprochen?« — »Am späten Vormittag. Telefonisch. Sie wollte von mir die Anschrift eines Freundes von uns in New York haben. Anna klang völlig normal. Später, am Nachmittag, fiel mir ein, daß es eine alte Adresse war. Ich rief zu Hause an, aber Frau Hartmann, unsere Zugehfrau, sagte mir, daß Anna spazierengegangen sei, Näheres wisse sie nicht. Wir haben ja gleich den Wald vor der Tür, und Anna geht oft stundenlang allein spazieren. Auch im Dunkeln, insbesondere, wenn sie ihre Depressionen hat.« — »Wann verläßt Frau Hartmann üblicherweise das Haus?« fragt der Chef. — »So gegen 16 Uhr 30.« — »Sie haben dann mit Frau Hartmann nicht mehr gesprochen?« — »Nein.« — »Mit Ihrer Frau auch nicht mehr?« — »Nein, eben nicht«, der Witwer schluckt. — »Haben Sie gemeinsame Freunde oder Bekannte angerufen oder zufällig auf dem Heimweg getroffen und mit denen geredet?« — »Nein. Warum fragen Sie? Ach so, Sie meinen, daß Anna sich vielleicht noch jemandem anvertraut hat? Nein, ihr Tod brach völlig überraschend über mich herein — also, bis auf diese dumpfe Vorahnung. Ich betrat das Zimmer, und da saß sie — na ja, so wie jetzt. Mir blieb fast das Herz stehen.« — »Sie haben nach der Entdeckung auch mit

Die letzten, zu Herzen gehenden Zeilen eines verzweifelten Menschen. Hübsch ausgedacht.

niemandem über das Ableben Ihrer Frau gesprochen?« — »Nur mit Ihnen, Herr Weinstein.« Der Chef wirft einen zweiten Blick auf den lapidaren Abschiedsgruß. »War Ihre Frau Linkshänder?« — »Nein, wieso?« — »Och, war nur so ein Gedanke«, brummelt Weinstein mystisch. Wittorf starrt ihn ratlos an. — »Nein, keine Bange, es hat alles seine Richtigkeit«, sagt Weinstein süffisant und zeigt auf die Tote und die Waffe. »Das Arrangement ist in Ordnung.« Der Juwelier kapiert anscheinend genausowenig wie ich. — »Also, zuerst wußte ich überhaupt nicht, wen ich anrufen sollte«, stammelt Wittorf schließlich. »Den Arzt? Die Polizei? Da fielen Sie mir ein, Herr Weinstein.« — »Die Arbeit übernehme ich gern für Sie, mein Lieber. Samson, geben Sie bitte Walter Musfeldt von der Mordkommission Bescheid, der ist hierfür zuständig. Der Herr Mörder hat sich durch eine unnötige kleine Sache verraten.«

Wodurch verriet er sich?

Asphaltdschungel

Ein Routinefall läßt uns zu mitternächtlicher Stunde durch eine trostlose Gegend traben. Ein Streifenwagen rast an uns vorbei; fünf Minuten später treffen wir an einer Ecke auf dieses Fahrzeug. Die Besatzung gruppiert sich um ein gestikulierendes Individuum. Ein kleiner Handkoffer liegt auf dem Trottoir. Der Koffer und das Individuum werden in den Streifenwagen verfrachtet. Das Individuum zetert protestierend. Wen nimmt es wunder, daß der Chef den Beamten auf die Wache folgt — aus beruflicher Anteilnahme, die dem dort anwesenden Hauptwachtmeister namens Moll nicht besonders willkommen zu sein scheint. Das Individuum erklärt gerade, als wir die Wachstube betreten: »Ja, also, sehen Sie mal, meine Herren, ich stehe da — in dem dunklen Torweg, um, äh . . . na ja —, als ich so 'nen Typ mit diesem Koffer hier um die Ecke biegen sehe. Dann kommt noch so einer von gegenüber aus dem Hauseingang. Beide tuscheln miteinander — hören konnt' ich nichts —, und dann legt der eine den Koffer auf den Boden und macht ihn auf. Der andere Kerl — der aus dem Hauseingang — beugt sich runter und mustert interessiert den Inhalt; ich persönlich konnte nichts erkennen, nich' das geringste. Na, und dann hören die Burschen den Streifenwagen quietschen, der eine — also nich' der aus dem Hauseingang, sondern der andere — knallt den Deckel zu, und beide hauen ab. Den Koffer ließen sie liegen, genauso, wie er vorhin dalag. Ich lief 'n Stückchen hinter ihnen her, aber die verdünnisierten sich übern Hinterhof in 'n altes Haus, Nr. 15a. Also, ehrlich, ich hab' den Koffer nich' mal angefaßt — bevor ich mal reinsehen konnte, waren schon die Bullen da — also, ich mein', die Jungs hier und nahmen mich hops.« Auf dem Weg zum besagten Haus Nr. 15a teilt uns Hauptwachtmeister Moll mit: »Wir bekamen vor ungefähr einer Stunde von dem Nachtwächter einer Fabrik in der Nähe einen Anruf, daß ein maskierter Mann ihn niedergeschlagen habe. Als der Nachtwächter wieder zu sich kam, war der Unbekannte mit den Lohngeldern verschwunden. Die Streife erwischte unseren Kunden hier vierzig Meter von dem Koffer entfernt, in dem das geraubte Geld in Bündeln lag. Das Unschuldslamm wollte sich gerade verdrücken.« Ein weiteres verdächtiges Subjekt verdrückt sich im Schweinsgalopp, als wir unser Ziel erreichen. Weinstein meint in aller Gemütsruhe: »Wenn Sie den nicht kriegen, mein Lieber, ist das halb so schlimm. Ich nehme an, der Mensch hat nichts mit dem Raub zu tun — wird wohl was anderes auf dem Kerbholz haben. Ich glaube, Sie haben schon den richtigen Burschen am Wickel — kam Ihnen nicht auch an seiner Aussage etwas komisch vor, Samson?«

Zwei verdächtige Erscheinungen haben ein schlechtes Gewissen. Eine aus triftigem Grund.

Wodurch verrät sich das Individuum?

Drei Brüder

Als wir das einsam gelegene Anwesen unseres Klienten, des Herrn Ortwin Schillingfürst, erreichen, finden wir denselben bereits ermordet und seine drei Brüder in heller Aufregung vor.
Bruder Sebastian sagt uns: »Es dämmerte, ich saß im Wohnzimmer, da fiel im Park ein Schuß. Ich raste raus und traf meinen Bruder Gottlieb, der an allen Gliedern zitterte. Dann sah ich den unglücklichen Ortwin. Ihm war von hinten in den Kopf geschossen worden. Das sahen wir später, als wir die Leiche ins Haus getragen hatten.« — Der Bruder Gottlieb erklärt: »Ortwin ging im Park spazieren, obwohl es dunkelte. Ich wollte etwas mit ihm besprechen und lief hinterher, da trat plötzlich eine schemenhafte Gestalt hinter den Ulmen hervor und schoß. Ortwin stürzte zu Boden. Die Gestalt verschwand blitzschnell; sie trug eine Maske, einen Strumpf oder so was. Das konnte ich gerade noch erkennen, mehr nicht. Ich zeichne es Ihnen mal auf.« Gottliebs rechte Hand zittert noch mächtig, als er uns den Unhold skizziert.
»Wo steckten Sie, als der Mord passierte?« fragt Weinstein den Dritten in der Runde. Bruder Max stammelt: »Oben in meinem Schlafzimmer. Ich konnte den Schuß nicht hören, ich schlug gerade Nägel in die Wand, um Bilder aufzuhängen.« — »Haben sie das Gehämmer vernommen?« will Weinstein von Herrn Sebastian wissen. »Nein — das Radio war an.« Weinstein bittet Bruder Max, im Schlafzimmer noch mal zu hämmern, und ich gehe mit ihm nach oben.
Ein paar Nägel sind in der Tat eingeschlagen worden. Max hämmert mit Vehemenz und schlägt sich auf den linken Daumen. Mit diesem im Mund erscheint er im Wohnzimmer, und Weinstein nickt. »Das Geklopfe war schlecht und recht zu hören, Samson.«
Inzwischen ist es später Abend. Weinstein besichtigt den Toten, verhört das Personal, das jedoch zur Tatzeit brav beisammen in der Küche hockte. Der Chef verkündet, er werde die Polizei am Morgen benachrichtigen. Die drei Brüder begeben sich zur Ruhe und wir auf unser Gästezimmer. Weinstein schließt die Tür. »Ich möchte wissen, was der Verstorbene von uns wollte«, murmelt er. Die Dielen auf dem Flur knarren verdächtig. Weinstein blinzelt mir zu und ruft betont laut: »Samson, ich habe einen Verdacht! Der Täter ist garantiert kein Fremder! Wir werden um Mitternacht mit der Taschenlampe den Tatort nach Fußspuren untersuchen.«
Wir untersuchen nichts, sondern plazieren schon um 23 Uhr am Tatort im Gebüsch eine brennende Taschenlampe und hängen unsere Mäntel in Mannshöhe an einen Ast. Dann schleichen wir zum Gebäude zurück, verstecken uns in einer Kammer neben dem Hauseingang und linsen in den Park. Die wehenden

Fast wäre der Mörder direkt in die Falle getappt. Doch ein dummes Mißgeschick verhinderte es.

dunklen Mäntel in dem diffusen Licht erwecken den Eindruck, als ob sich zwei Männer im Strauchwerk zu schaffen machten. Bald darauf hören wir, daß sich die Haustür öffnet, und sehen eine Hand mit einer Pistole vor dem Fenster, der Lauf richtet sich geradewegs auf unsere Mäntel. In dem Moment werfe ich leider einen Besen um — Pech, die Hand verschwindet, und der unentdeckte Meuchelmörder läuft die Treppe hinauf. »Macht nichts, Samson«, sagt Weinstein. »Ich kann den Täter identifizieren.«

Was fällt Weinstein auf?

Draculas Liebchen

Drehpause! Graf Dracula verläßt das Atelier, um in der Kantine seine Fänge in ein Stück Apfeltorte zu schlagen. Der erprobte Gruselfilmregisseur Tim Moores, ein Freund Weinsteins, tuschelt uns zu: »Der jetzt dahinten aus der Tür geht, ist der Kameramann Ted Brown. Er und Ralph Benett, also unser fürstlicher Blutsauger, sind Todfeinde. Jeder weiß, daß Browns Freundin Linda was mit unserem Star-Vampir hat — um im nächsten Film eine kleine Rolle zu bekommen. Jetzt hat Benett ihr den Laufpaß gegeben; sie setzt ihn aber irgendwie unter Druck ... ach, egal, wie finden Sie die Bauten, meine Herren?«
Wir stehen vor der Dekoration, einer düsteren, verfallenen Schloßtreppe. Moores schickt den Stab und die Beleuchter zum Essen und läßt nur noch zwei Scheinwerfer strahlen, damit wir alles bewundern können. Er entschuldigt sich, er hat eine Besprechung. Wir sind nun allein im Studio. So klettern wir die Sperrholzstufen hoch, um zu erkunden, was sich hinter dem Papportal befindet. Aber statt Draculas Gruft finden wir eine unordentliche Requisitenkammer. Weinstein entdeckt ein Drehbuch. »Hm, Samson, ›Tanztee der Vampire‹, dieser Titel ...« — War das nicht ein erstickter Schrei? Wir lauschen. Etwas scheint im Atelier polternd umzufallen. »... kommt mir so bekannt vor ... Pst!« Erregte Stimmen sind zu hören. »Mörder!« tönt es gedämpft. Wir stürzen die Treppe hinunter. Draculas Hände krallen sich um den Hals des wackeren Kameramannes. »Auseinander!« donnert Weinstein und schwenkt die Attrappe. Eine Dame ruht reglos am Boden — erdrosselt, wie sich bald herausstellt. Ted Brown sagt schwer atmend aus: »Ich hatte hier meine Zigaretten vergessen. Schon auf dem Gang hörte ich einen Schrei und Gepolter, und als ich das Atelier betrat, sah ich, wie Benett mit aller Kraft den Hals von Linda würgte. Dann sackte sie zu Boden, genau da, wo sie jetzt liegt. Benett sprang mich an, Mord im Blick, Zähne gefletscht, ja, und wenn Sie nicht gekommen wären — Lindas Schicksal hätte auch mich ereilt.« Ralph Benett: »Daß ich nicht lache, genau umgekehrt war's. Ich suchte Moores und dachte, er sei hier. Auf dem Gang hörte ich den Schrei und Krach — aber Schreie sind für mich ja nichts Besonderes, haha — also, als ich hier reinkam, fiel mein Blick auf Ted Brown, ich glaube, er richtete gerade einen Scheinwerfer auf oder machte sich sonstwie zu schaffen. Er ging spornstreichs auf mich los. Linda lag auf der Erde, das konnte ich gerade noch sehen. Tja, ich wehrte mich mit allen Mitteln ... da tauchten Sie auf. Gott sei Dank!« Kurz darauf sagt Zeus Weinstein zu Moores: »Der Täter hat sich eindeutig verraten. Ein dummer, kleiner Umstand, der seiner Schilderung eklatant widerspricht, beweist das.«

»Lassen Sie die Zähne von dem Herrn!« ruft Weinstein dem Berufsvampir zu. Ein unvorhergesehenes Drama vermittelt uns das, woran es dem Filmwerk später mangelt: echtes Grauen!

Wessen Aussage wird durch einen augenfälligen Umstand widerlegt?

Die Freundinnen

Herr Theo Jersberg, 65, sehr reich, hatte uns telefonisch alarmiert, so schnell wie möglich auf den Landsitz seiner Freundinnen zu kommen, sonst würde ihm bald was Schlimmes passieren. Als wir das Haus der beiden Damen (Doris Denzlein, 54, Schriftstellerin, Margot Hogstedt, 59, Kunstmalerin) erreichen, war's bereits passiert. Herr Jersberg hatte das Zeitliche gesegnet, offenbar durch ein schnellwirkendes Gift im Tee. Der Hausarzt Dr. Boll: »Vermutlich Selbstmord, jedoch . . .« Klar, die Polizei muß hinzugezogen werden. Aber bevor die kommt, kann ja der Chef ein wenig herumschnüffeln. Leider gibt's nicht mehr viel zu schnüffeln. Frau Denzlein hatte mit Hilfe des Faktotums, Lisa Behr, 42, den Toten von dem Platz, an dem er zusammengebrochen war, ins Nebenzimmer auf eine Couch geschleppt. Fräulein Behr hatte, pingelig, wie sie ist, die Teekanne wieder abgeräumt und abgewaschen, die zerbrochene Tasse, die zweifellos das Gift enthalten hatte, vom Parkettfußboden aufgefegt und in den Mülleimer befördert. »Die Untertasse lag daneben, halb zerdeppert, die hab' ich auch gleich weggeworfen. Und den Boden aufgewischt«, fügt die Gute hinzu. Weinstein stöhnt gequält auf. Dann darf ich im Mülleimer nach den Scherben fahnden, fahnde — und berge sie. Dennoch, der Ablauf der Tragödie ist leicht zu rekonstruieren, und zwar durch die Angaben der Augenzeugin Denzlein und durch die der Ohrenzeugin Hogstedt, die simultan zu den Beobachtungen der Freundin mit dem Todeskandidaten telefonierte. Das Geschehen in Stichworten: Um 14 Uhr 30 serviert Fräulein Behr Herrn Jersberg in der Bibliothek den Tee. Der sitzt am Schreibtisch und liest. Fräulein Behr gießt ein. Sie sagt aus: »Als ich hinausging, sah ich, daß er zwei Löffel Zucker nahm.« (Der Zucker enthält kein Gift. Sahne oder Zitrone gab's nicht.) Zur selben Zeit schneidet Frau Denzlein im Garten Rosen: »Die Verandatür stand offen. Ich sah gerade auf, als Theo im Tee rührte. Dann läutete das Telefon.« — Frau Hogstedt war's. Sie sagt aus: »Theo meldete sich, und ich fragte, ob er was aus der Stadt brauche. Oder die Doris? Theo sagte: ›Moment, ich frage sie.‹ Darauf stand er wohl auf.« — Frau D.: »Ich bemerkte, daß Theo mit jemandem sprach, zu mir rüberblickte, einen Schluck aus der Tasse nehmen wollte, dann aber doch nicht trank. Er stand auf und kam zur Verandatür (zwei Meter Abstand vom Schreibtisch bis zur Tür). Er behielt den Hörer am Ohr (lange Schnur) und die Tasse in der Hand. Er rief: ›Es ist Margot. Brauchst du was?‹ Er trank einen Schluck. Ich überlegte, er wartete und leerte langsam die Tasse. Ich rief zurück: ›Nein, danke!‹ Plötzlich fiel ihm die Tasse aus der Hand. Theo wankte, brach zusammen. Ich rannte zu ihm und brüllte in

Der Abend sinkt hernieder. Zwei Damen stehen versunken und schauen. Ihr Werk ist vollbracht.

den Hörer, Margot möge rasch kommen.« Frau H.: »Ich hörte, wie Theo ein paar Schritte machte, er sagte noch: ›Sie ist im Garten.‹ Darauf rief er Doris die Frage zu, ich hörte sie ein wenig später aus der Ferne antworten. Dann Geklirr, Gepolter und schließlich die Stimme von Doris. Als ich zu Hause eintraf, lag Theo im Wohnzimmer auf der Couch. Tot! Dr. Boll war schon da.« Fräulein B.: »Ob Frau Denzlein die ganze Zeit über im Garten war? Keine Ahnung. In der Küche war sie nicht, als ich den Tee aufgoß. Die Kanne war sauber. Die Tasse nahm ich aus dem Schrank. Als ich Herrn Jersberg verließ, war Frau Denzlein jedenfalls draußen.« Die Freundinnen treten einen Spaziergang an. Wir folgen ihnen. »Zwei begabte Künstlerinnen, Samson«, sagt Weinstein. »Die alles perfekt inszeniert haben. Bis auf eine Kleinigkeit.«

Welcher Umstand paßt nicht ins Bild?

Dichtung und Wahrheit

Samson: Am 20. Juni, einem Montag, rief eine Frau Ellen Kreßberg bei uns im Büro an und fragte, ob sie im Laufe der Woche mal vorbeischauen könne. Zeus Weinstein bestimmte einen Termin für Freitag, den 24., 16 Uhr. Doch am 23., gegen 5 Uhr morgens – morgens! –, meldete sich die Dame, Weinstein zu Hause aus dem Bett schreckend, ein zweites Mal am Telefon, und zwar angstbebend: Er müsse sofort, bitte sofort, zu ihr kommen. Sonst würde . . . Da brach das Gespräch ab, und der Hörer polterte bei Frau Kreßberg auf den Boden.

Darauf scheuchte Weinstein mich, keine Widerworte duldend, aus den Kissen; und so geschah es, daß wir, zirka 45 Minuten später, unserer Klientin zum ersten Mal ansichtig wurden. Ihr Problem lag offen vor uns, besser gesagt, es lag vor uns auf dem Teppich in Gestalt von Frau Kreßberg selber; sie trug einen viel zu fest zugezogenen Schal um den Hals und war mausetot. Wir hatten die Villa und das Wohnzimmer durch die seltsamerweise offenstehende Verandatür betreten. Auf dem Schild an der Haustür stand der Name Walter Kreßberg, aber Walter Kreßberg persönlich glänzte durch Abwesenheit. Wir alarmierten sofort Freund Musfeldt von der Mordkommission und fahndeten anschließend im Garten nach Spuren. Plötzlich ertönte vom Nachbargrundstück der Ruf:

Herr Schmidtmühlen: Was treiben Sie denn da?

Samson: Ein junger Mensch im Bademantel und mit bloßen Füßen lehnte am Zaun und kaute an einer Stulle. Um 6 Uhr 30 in der Früh. Weinstein blieb die Antwort schuldig und erkundigte sich seinerseits nach Herrn Walter Kreßberg.

Herr Schmidtmühlen: Der is' in seinem Landhaus, um in aller Ruhe zu arbeiten. Warum fragen Sie mich? Is' Frau Kreßberg nich' da?

Samson: Der Chef blieb wiederum die Antwort schuldig und dann dem jungen Menschen die Spucke weg, als mit Tatütata Kommissar Musfeldt und seine Mannen aufkreuzten.
Um es kurz zu machen, jetzt sitzt Herr Schmidtmühlen, so heißt der Nachbar und Freund der Kreßbergs, neben mir auf dem Beifahrersitz und weist uns hilfsbereit den Weg zum ländlichen und telefonlosen Refugium des Schriftstellers und Übersetzers Walter Kreßberg. Weinstein und ich übernahmen die wenig angenehme Aufgabe, dem frischgebackenen Witwer die Schreckensnachricht zu überbringen, und nach dreistündiger Fahrt über Autobahn, Sträßchen und Feldwege halten wir vor einem idyllisch und vollkommen einsam gelegenen Holzhaus — weitab vom nächsten Dorf oder Gehöft. Ein Wagen parkt vor dem Anwesen.
(Vogelgezwitscher)
Wir klopfen an die grüngestrichene Eingangstür. Niemand öffnet. Lautes Rufen nutzt auch nichts. Schmidtmühlen meint:
Schmidtmühlen: Das ist Kreßbergs Karre. Er hockt sicher am See und angelt.
Samson: Also marschieren wir einen schmalen Pfad entlang zum See. Schon aus der Ferne hören wir eine dröhnende Stimme, und nach einer Biegung erblicken wir den Gesuchten; wie prophezeit hockt er am Gestade, auf einem Baumstumpf, in der rechten Hand ein Buch, in der linken einen Notizblock.
Die gewichtige Erscheinung rezitiert:
Walter Kreßberg: »Und der Rabe rührt sich nimmer,
sitzt noch immer, sitzt noch immer
auf der blassen Pallasbüste,
die er sich zum Thron erkor.
Seine Augen träumen trunken
wie Dämonen traumversunken;
mir zu Füßen hingesunken
droht sein Schatten tot empor.

Hebt aus diesem meine Seele
jemals wieder sich empor? —
Niemals mehr — niemals, du Tor!«

Samson: Wir lauschen ergriffen. Hatte der Mann nicht mit den letzten Worten ahnungsvoll sein eigenes Schicksal vorweggenommen? Wir treten auf ihn zu und tun unsere traurige Pflicht.
Eine halbe Stunde danach finden wir uns in Kreßbergs, mit Büchern vollgestopftem, Arbeitszimmer ein. Er schüttelt den Kopf.
Walter Kreßberg: Ich begreife das Ganze nicht — ich begreife es nicht! Aus welchem Grund läutete Ellen am Montag bei Ihnen an, Herr Weinstein? Wurde sie bedroht? Wovor hatte sie Angst? Warum sprach sich Ellen nicht mit mir aus? Ich fuhr erst am Dienstag mit Lisbeth hierher.
Mein Gott! Da brüte ich nun — abgeschnitten von der Welt, selbst Post bekommt man nicht — über Edgar Allan Poes Gedicht vom Raben . . ., und daheim . . . daheim wird Ellen auf die entsetzlichste Art und Weise ermordet.
Ellen hatte keine Feinde, ich habe keine Feinde — hat man Ellen vielleicht mit Lisbeth verwechselt? Aber Lisbeth hat auch keine Feinde. Pardon, Herr Weinstein, ich vergaß es zu erwähnen — Lisbeth ist meine Schwester. Sie malt momentan irgendwo im Wald.
Samson: Weinstein erkundigt sich, ob er, Walter Kreßberg, oder seine Schwester seit Dienstag noch einmal in der Stadt gewesen sei.
Walter Kreßberg: Nein. Wir beide waren nicht mal im nächsten Dorf, geschweige in der Stadt.
Samson: Herr Schmidtmühlen schlägt sich an die Stirn.
Schmidtmühlen: Herr Weinstein! Ich hab's! Der Würger! Der Teufel in Menschengestalt! Von dem die Zeitungen seit Wochen berichten. Der hat schon zweimal in unserem Viertel zugeschlagen!
Walter Kreßberg: Tja — glauben Sie, daß es dieser Unhold war? Hm. Möglich ist alles. — Augenblick. Wo ist denn das Blatt? Ach, da

unter dem Tablett . . .
(blättert in der Zeitung)
. . . ah, hier . . . Wahnsinniger würgt weiter. Gestern, am Mittwoch, dem 22., wurde die Leiche der 43jährigen Bibliothekarin Lenore B. in einem Abstellraum der Bücherhalle Nord entdeckt. Die entsetzlichen Würgemale am Hals lassen vermuten, daß Lenore B. das siebte Opfer derselben Bestie ist, die seit 24 Tagen die Öffentlichkeit in Atem hält. Lenore B. war . . . na, und so weiter, und so fort . . .
. . . Lenore! Welch Zufall! Ich übersetze Poe, und die Unglückliche heißt Lenore . . .
». . . Lenore schritt voran, und mit ihr flog die Hoffnung traut —
Die unbedacht und toll Dich macht — auf die erkorene Braut:
So sanft sie war und wunderbar erlag sie dem Geschick —
Das Leben noch im gelben Haar, doch nicht in ihrem Blick —
Noch immerdar im gelben Haar . . .«
Lisbeth: ». . . doch Tod in ihrem Blick.«
Walter Kreßberg: Ach, Lisbeth, du bist's! Es ist etwas Fürchterliches passiert!
Samson: Die Schwester des poetischen Walter Kreßberg war lautlos ins Zimmer geschwebt. Sie schleppt einen Aquarellblock unter ihrem Arm. Und nun ergibt sich für ihren Bruder die schwere Aufgabe, Lisbeth von dem Tod ihrer Schwägerin zu berichten. Er berichtet schonend.
Schmidtmühlen: Eine neue Bluttat des Würgers, Frau Kreßberg! Garantiert!
Lisbeth: . . . des Würgers? Nie was von dem gehört! Ich lese diese Revolverblätter nicht.
Samson: Weinstein fragt zum Erstaunen aller, wann Frau Lisbeth Kreßberg gestern abend zu Bett gegangen sei.
Lisbeth: Ich glaub', so gegen 12 Uhr. Ja, so gegen 12, ich hab' noch 'n Schlafmittel geschluckt, einen Becher heiße Milch getrunken — und hab' wie 'ne Tote geschlafen, so bis halb zehn, zehn. Nicht wahr,

Walter, ich bin so gegen 10 Uhr zum Frühstück runtergekommen?
Samson: Walter Kreßberg nickt bestätigend.
Walter Kreßberg: Stimmt. Ich arbeitete bis ungefähr 1 Uhr, las noch ein Stündchen im Bett und stand um sieben, halb acht auf. Dann fuhr ich in den Wald, absolvierte meinen Geländelauf, schwamm ein paar Runden im See und deckte gegen neun, halb zehn den Frühstückstisch.
Samson: Weinstein fixiert den jungen Schmidtmühlen. »Und Sie?« Schmidtmühlen glotzt verdutzt.
Schmidtmühlen: Ich? Ich bin gestern um elf, halb zwölf in die Falle gehüpft, und rausgehüpft bin ich so um viertel nach sechs, halb sieben. Kurz bevor ich Sie beide in Kreßbergs Garten rumkriechen sah.
Samson: Weinstein blättert gedankenverloren in Lisbeth Kreßbergs Aquarellblock, betrachtet sinnend das schwungvoll skizzierte Schilfrohr, blickt dann ebenso sinnend ins Leere und deklamiert aus dem Kopf:
»Laß mein Schweigen ungebrochen!
Deine Lüge, frech gesprochen,
hat mir weh das Herz durchstochen —
Fort, von deinem Thron hervor!
Heb dein Wort aus meinem Herzen —
heb dich fort, vom Thron hervor!
Sprach der Rabe: Nie, du Tor!«
Ein gebildeter Mensch, mein Chef, aber reichlich pathetisch. Er starrt düster auf eine Person im Raum. Dieselbe erbleicht. Eine Person, der ein bestimmter Umstand zum Verhängnis wurde, ein Umstand, der eindeutig bewies, daß diese Person log und die sich dadurch als Täter demaskierte.

Also, wer ist der Täter, und welcher Sachverhalt beweist es?

Ortsgespräch mit dem Opfer

Samson: Dem alten Gauner Ben Kaltrappe war ich seit Jahren nicht mehr begegnet. Wir hatten früher — lang, lang ist's her — zusammen für die Detektei Dewitz und Dewitz gearbeitet, bevor ich, Saul Samson, Mädchen für alles des Herrn Weinstein wurde und Ben sich selbständig machte. Seine sogenannte Auskunftei diente als Deckmäntelchen für meist trübe Transaktionen, die sich stets etwas außerhalb der Legalität bewegten.
Jetzt hängt er vornübergesackt an seinem Schreibtisch, Kopf und Arme auf der Tischplatte; die linke Hand umklammert den Telefonhörer. Über das häßliche Einschußloch in Bens Hinterkopf vermag sich nur jemand zu wundern, der den Ganoven nicht genau kannte. Zeus Weinstein mustert systematisch das armselige, winzige Büro und rückt der Ohrenzeugin der Tat einen Stuhl zurecht. Frau Lilly Seesterhahn, eine mondäne, weißblonde Mittdreißigerin eindeutiger beruflicher Herkunft und Chefin des, hm, »Hostessen-Service Rent a Girl«, bricht das beklemmende Schweigen.
Lilly Seesterhahn: *(kühl, bestimmt, nicht ordinär)* Entsetzlich, Herr Weinstein. Sie sehen, meine schlimmsten Vermutungen sind eingetroffen. Nein, danke, ich stehe lieber. Tja, wie gesagt, ich habe den Schuß deutlich durchs Telefon gehört, ganz deutlich, gegen 10 Uhr 45. Das arme Schwein stöhnte auf, sein Hörer polterte auf den Schreibtisch — und dann Schweigen, Stille. Ich rief und rief — vergebens; legte auf und wollte Sie augenblicklich anrufen, Herr Weinstein, aber mein Anschluß ist natürlich blockiert. Wenn ich den Hörer bei mir abhebe, bin ich ja noch automatisch mit Ben Kaltrappe, äh, mit dem Toten, also mit ihm hier verbunden, denn *er* klingelte bei *mir* an. Tja, darauf schmiß ich mich sofort in meinen Wagen und raste zu Ihnen. Ich traute mich nicht, allein hier raufzukommen.

Samson: Zeus Weinstein brummelt Unverständliches, windet dem im Dienst gefallenen Kollegen den Hörer aus der Hand, lauscht hinein und wirft ihn auf die Gabel.
(Hörer wird aufgelegt.)
Du meine Güte! Kommissar Musfeldt wird sich freuen; das erleichtert der Spurensicherung die Arbeit kolossal! Darauf wünscht der Chef zu wissen, erstens: ob gnä' Frau eine, äh, gute Freundin oder lediglich eine Klientin des Verewigten gewesen sei — die Bezeichnung »armes Schwein« schien auch mir reichlich familiär —, zweitens: warum sie ihn, Zeus Weinstein, und nicht die Polizei benachrichtigt habe — und drittens: wo, bitte, sie wohne.
Die gnädige Frau lächelt süßsäuerlich und holt tief Luft.
Frau Seesterhahn: Also, Herr Weinstein, was mein Verhältnis zu Ben Kaltrappe betrifft, so bin — so war ich einzig und allein seine Klientin.
(Etwas stotternd, zögernd)
Warum ich nicht die Polizei . . . ja, die Polizei — nun, Herr Weinstein, mein Fall, um den sich Ben kümmerte, ist ein bißchen heikel, und die Polizei . . ., tja, gerade Sie, Herr Weinstein, als Privatdetektiv müssen doch verstehen, nicht wahr, daß man gelegentlich die Polizei außen vor lassen möchte — also, der Ben sprach ja pausenlos von Ihnen und von seinem alten Kumpel Saul Samson. — Ich nehme an, er tat sich ungerechtfertigt dicke mit dieser Bekanntschaft — und Sie beide fielen mir eben in meiner Zwangslage auf Anhieb ein. So — und was war da noch? Ach ja, ich wohne in der Erhard-Kortmann-Str. 18, gleich hier um die Ecke.
Samson: Zeus Weinstein starrt träumerisch aus dem geöffneten Fenster auf die kahle Seitenfront eines verwitterten Hauses, auf der nichts als die Inschrift »Roxi-Bar« und ein riesiger Pfeil betrachtenswert erscheinen. Und ebenso träumerisch bittet Zeus Weinstein über das heikle Problem unserer neuerworbenen Klientin informiert zu werden. Frau Seesterhahn holt wiederum tief Luft:

Frau Seesterhahn: Nun, meine Herren, ich bin, wie bereits erwähnt, Inhaberin eines renommierten Hostessen-Dienstes, der von Herren aus den besten Kreisen frequentiert wird. Und Ben Kaltrappe engagierte für mich die Damen; er stöberte sie auf, nahm sie in Augenschein — in dieser Hinsicht war hundertprozentig Verlaß auf Ben. Dank seines Spürsinns arbeiten in meinem Unternehmen ausschließlich Spitzenkräfte, und vorhin, am Telefon, las er mir aus der Morgenzeitung die Stellengesuche von ein paar Damen vor. — Moment, ich habe mir die Angebote notiert.
Samson: Zeus Weinstein nimmt einen Zettel in Empfang, wirft einen Blick auf das Geschriebene und drückt mir das Papier in die Hand mit der Aufforderung, die Liste mit den Annoncen zu vergleichen.
Ich beuge mich über den Toten, der halb über der Zeitung lagert. Die Schlagzeile auf der Titelseite lautet: »Blitz traf Nackttänzerin — Susie überlebte!« Auf dem Bild daneben ist Susie zu bewundern, aber ehe der Blitz einschlug. Ich ziehe das Blatt mit dieser weltbewegenden Meldung auf Seite eins zur Gänze unter Bens Ellenbogen hervor und konstatiere, daß Susie auch von der Hüfte an abwärts ihr Arbeitskostüm zur Schau stellt. Mein verehrter Chef räuspert sich vernehmlich — ja, ja, nur keine Ungeduld, ich blättere ja schon . . .
(Samson blättert deutlich Seite für Seite um.)
. . . *(blättert langsam)* . . . »Regierung in Bonn erwägt Protest« . . . *(blättert)* . . . »Nach Sekt und Kaviar, ab in die Heia!«, mein Gott, die Leute leben *(blättert)*, hm, »Beim Hai nützt auch kein Schreien mehr!« *(blättert schnell)* . . . »Sport« *(blättert)*, »Wirtschaft« *(blättert)*, »Fernsehen«, »Horoskop« *(blättert)*, »Kraftfahrzeuge und Zubehör« *(blättert)* . . . »Wohnungsmarkt«, aha, die Stellenanzeigen . . . Angebote männlich, gewerblich, nein; — Angebote weiblich, gewerblich, nein . . . — aber hier, Stellengesuche — da sind auch schon mehrere reizvolle Bewerbungen angekreuzt. Nummer eins: »Thailändische Hosteß, 20 Jahre, frei für alles, Telefon 49, 1, 2, 3«,

na, und so weiter; . . . Jawohl, sorgfältig von gnä' Frau verzeichnet — weiter: »Modell, franz., r'haarig, modern, aufgeschl., 9—23 Uhr« und die Telefonnummer; — auch verzeichnet. Die nächste Dame bitte; »Entfliehen Sie dem Alltag — denn der Gast ist bei mir König. Sandra, 21 Jahre«; verzeichnet — und nun folgt Poesie: »Hast du Kummer mal und Sorgen — ja, dann wart' nicht lang bis morgen — komm lieber gleich zu mir herein — dann wird's auch wieder besser sein! Heidrun, Modell, 26 Jahre«; jawohl — verzeichnet, das herzige Verslein allerdings nicht . . . und last but not least: »Kommen Sie zu Alice ins Wunderland, leidenschaftliche, bezaubernde Hosteß, 23 Jahre, Telefon«, und so weiter und so fort; . . . so, und da lese ich auf dem Papier von Frau Seesterhahn nur den Namen Alice — sonst sind keine Angaben vermerkt. Frau Seesterhahn gibt den Grund an:
Frau Seesterhahn: Gerade als Ben »Wunderland« aussprach, fiel der Schuß. In *der* Sekunde, Herr Samson . . .
Samson: Mit den Worten »Nein, so was« unterbricht Zeus Weinstein unliebenswürdig die tüchtige Unternehmerin. Er weist mit dem Zeigefinger auf die rechte Hand Kaltrappes, neben der ein Kugelschreiber und ein Notizblock liegen. Auf dem Block steht: »Albert Kaul, Mittwoch, 10 Uhr 30, anrufen«. Und heute haben wir Mittwoch und mittlerweile 12 Uhr 25. Weinstein dreht sich um, nimmt einen schnieken, weißen Herrenhut mit breiter Krempe von einem Aktenschränkchen und hält mir das lederne Schweißband unter die Nase. Ich entziffere die Initialen A. K. Der dritte Mann im Zimmer hatte jedoch die Initialen B. K. »Wer ist Albert Kaul?« stellt Weinstein die Frage in den Raum. Frau Seesterhahn weiß es.
Frau Seesterhahn: Ein Saustück, Herr Weinstein! Ihm gehören zwei Nachtclubs schlimmster Sorte und ein Stall voll mit den ordinärsten Kühen zu horrenden Preisen. Kaul will mich fertigmachen. Na ja, und Ben scheint 'ne Sache ausbaldowert zu haben, die Kaul erledigt hätte — ich habe leider keinen blassen Schimmer, was für eine. Ben meinte, es sei besser, mich über den Stand der Dinge unter vier Au-

gen zu unterrichten . . . aber, na ja — zu spät.
Samson: Der Chef fordert fernmündlich Herrn Kaul auf, seine elegante Kopfbedeckung in der Auskunftei Kaltrappe abzuholen. Herr Kaul erscheint. Herr Kaul äußert sich bestürzt über das, was er vorfindet.
Albert Kaul: Meine Fresse — was für 'n Schlamassel! Tja, das ist mein Hut. Ich vermisse ihn seit gestern, da hab' ich Kaltrappe aufgesucht. Dieser Schnüffler wollte mich erpressen. Aber Albert Kaul erpreßt man nicht! So! Schönen Dank auch.
Samson: Mir verschlägt's den Atem. Ich präsentiere den Notizblock. Herr Kaul buchstabiert mühsam.
Albert Kaul: — Al — bert — Kaul —, Mitt — woch, zehn — Uhr — drei — ßig —, an — ru — fen. — Ja und? Ich rief das erbärmliche Subjekt an — kurz vor halb elf. Und warum? Das hat Sie einen feuchten Kehricht zu interessieren!
Frau Seesterhahn: *(spitz und leicht ironisch)* Das interessiert uns aber außerordentlich, Herr Kaul. Denn ich sprach gleichfalls mit Herrn Kaltrappe — er läutete Punkt halb elf bei mir an. Und Herr Kaltrappe sagte mir, daß Sie, lieber Herr Kaul, jawohl, Sie, ihn jeden Moment im Büro aufsuchen würden. Was dann passierte, durfte ich ja zirka 15 Minuten später am Telefon miterleben . . .
Albert Kaul: *(lacht dröhnend, aber künstlich)* . . . daß ich nicht lache. Trick Nummer 17 — nee, nee, liebe Lilly, nicht mit mir! Mit mir nicht! Den kannst du bei deiner dämlichen Kundschaft loslassen, wenn du den Herren Senatoren das Fell über die Ohren ziehen willst. Nee, nee — mich rupfst du nicht!
Samson: Zeus Weinstein grinst — tatsächlich, er grinst —, und zwar triumphierend. Er verkündet dröhnend, dem Kommissar Musfeldt Opfer und Täter zusammen auf einem Tablett zu servieren. Der raffinierte Mörder habe das Büro betreten, als Kaltrappe an seinem Schreibtisch hockte und brav den Hörer ans Ohr hielt — oder auch nicht ans Ohr hielt —, jedenfalls aufgehängt hatte Kaltrappe noch

nicht. Denn ehe er das tun konnte, wurde er arglistig und blitzschnell von hinten abgeknallt.
Darauf wurde eilfertig der Tatort zweckdienlich hergerichtet — schön frisiert —, um einen Sachverhalt vorzutäuschen, der zu einer bereits konzipierten Aussage passen sollte, die uns der Mörder auch prompt aufgetischt hätte. Nur ein bedeutsamer Umstand an Ort und Stelle, ein dummer Flüchtigkeitsfehler, sei dem Mörder dabei unterlaufen. Wem ist er unterlaufen?

Wer ist der Mörder, und welchen Fehler machte er?

Eiskalt serviert

Samson: »Tiefenthal trocken«, den Sekt kennt alle Welt, und daß es die »große« ist, die ihn schlürft, will uns die Werbung durch ganzseitige Anzeigen suggerieren, auf denen es von eleganten Damen und feinen, graumelierten Herren mit wohlgestutzten Schnurrbärten nur so wimmelt. Die eleganten Damen und die feinen Herren prosten sich auf den Abbildungen unaufhörlich mit »Tiefenthal trocken« zu — in Spielcasinos, Luxusrestaurants, auf Jachten —, und die feinen Herren ähneln alle meinem Chef.
Das habe ich ihm ausdrücklich und besonders liebenswürdig gesagt; ich wollte ihm eine Freude machen. Fast hätte er mich erwürgt, aber er besann sich rechtzeitig, weil er mich noch braucht. Statt dessen zischte er:
»Trauen Sie mir zu, daß ich so ein Zeug trinke, Samson? Ich würde noch nicht mal einen Clochard mit diesem — diesem Schaumwein bewirten.«
Ein nobles Wort. Doch mit dem »Dom Pérignon«, der in Zeus Weinsteins Frigidaire steht, bewirtet er ausschließlich sich selber.
Ich habe noch keinen Clochard — oder sonst jemanden — ein Gläschen mit ihm trinken sehen.
Aber lassen wir das. Wenden wir uns unserem Problem zu, besser, dem Problem des Herrn Herr Tiefenthal, dem Enkel des Firmengründers.
(Vogelgezwitscher)
Wir stehen ihm auf der Terrasse seines pompösen Landhauses gegenüber, und ob Sie es glauben oder nicht: Herr Tiefenthal scheint seinen eigenen Anzeigen entsprungen. Dem feinen, graumelierten Herrn mit dem wohlgestutzten Schnurrbart fehlt nur der funkelnde Sektkelch in der wohlmanikürten Hand.

Die beiden Prototypen der großen Welt — Herr Tiefenthal und Zeus Weinstein — mustern sich gegenseitig; Weinstein mustert mißbilligend.
Herr Tiefenthal sagt wohltönend:
Bruno Tiefenthal: »Bitte nehmen Sie Platz, meine Herren. Darf ich Ihnen etwas zu trinken servieren lassen?«
Samson: Ich vermute, daß Herr Tiefenthal uns das antun möchte, was Herr Weinstein keinem Clochard zumuten würde. Mir wär's recht. Aber der Chef dankt, wie vorauszusehen war. Dann habe ich ebenfalls zu danken. Ich danke.
Bruno Tiefenthal: Keinen Kaffee? Tee?
Samson: Weinstein hebt abwehrend die Hand. Ich neige verneinend mein Haupt. Wir setzen uns. Weinstein bittet Herrn Tiefenthal, jetzt in aller Ausführlichkeit über die Katastrophe zu berichten. Herr Tiefenthal hatte uns vormittags am Telefon erzählt, daß seine Frau entführt worden sei, und Weinstein gebeten, den Fall zu übernehmen. Herr Tiefenthal lehnt sich im Sessel zurück, preßt seine rechte Hand gegen seine Schläfe und atmet schwer.
Bruno Tiefenthal: Also, meine Herren — die arme Margot-Marie wollte vorgestern abend, am Dienstag, von einer Reise zurückkommen. Sie hatte drei Wochen in England verbracht und rief mich noch am Dienstag früh kurz aus Ostende an, um mich von ihrer Ankunft in Kenntnis zu setzen. Sie war heiter und guter Dinge — oh, mein Gott, wenn sie geahnt hätte . . . es ist entsetzlich . . . entschuldigen Sie bitte, meine Herren . . ., also, sie rief mich an und sagte, sie sei am Abend zu Hause. Aber wer nicht erschien, war Margot-Marie. Es wurde 10 Uhr, 11 Uhr. Keine Margot-Marie, kein Anruf, keine Nachricht. Margot-Marie ist nämlich stets pünktlich und zuverlässig, müssen Sie wissen. Ich rief bei Freunden an; niemand hatte etwas von ihr gehört oder gesehen. Ich dachte natürlich sofort an einen Autounfall; Margot-Marie fuhr allein mit ihrem Wagen, einem Mercedes-Sport-Cabriolet. Aber im Falle eines Unglücks wäre ich doch

auf der Stelle von der Polizei benachrichtigt worden — trotzdem, der Gedanke ergriff Besitz von mir und ließ mich nicht mehr los. Was sollte ich auch sonst annehmen? Ich setzte also gestern Himmel und Hölle in Bewegung, bestürmte die Polizei, Erkundigungen nach dem Fahrzeug — in der Hauptsache auf der Strecke zwischen Ostende und hier — aufzunehmen — vergebens! Ich verbrachte eine zweite bange, peinigende Nacht — bis . . . bis heute morgen um 10 Uhr der Anruf kam. Von den Entführern.

Samson: Aus dem Park nähert sich ein jugendliches, weibliches Wesen, schlank, blondgelockt; gekleidet in weiße Jeans, einem blauen Herrenoberhemd und mit einem großen Strohhut auf dem Kopf. In der einen Hand trägt sie eine Gartenschere, in der anderen ein paar Teerosen.

Bruno Tiefenthal: . . . ein Anruf von den Entführern oder dem Entführer. Auf jeden Fall meldete sich eine eindeutig verstellte Männerstimme. Der Verbrecher sagte, Margot-Marie sei in seiner Gewalt, und verlangte 200 000 Mark in kleineren Scheinen . . . dieser . . . ah, Heidrun.

Heidrun — das ist Herr Weinstein — Herr Samson . . . Fräulein Rademaker . . .

Samson: Weinstein und ich erheben uns, die Blondgelockte lächelt uns holdselig zu und läßt sich auf einem Stuhl nieder.

Bruno Tiefenthal: Meine, äh, Cousine kam gerade ins Zimmer, als ich mit dem Kerl sprach . . .

Heidrun Rademaker: Ja, Bruno stand da, mit schreckgeweiteten Augen, und preßte den Hörer ans Ohr . . .

Bruno Tiefenthal: Ich war einer Ohnmacht nahe. Also, der Verbrecher verlangte 200 000 Mark in kleineren Scheinen, nannte eine bestimmte Stelle im Wald, wo heute nachmittag eine »neutrale« Person — so drückte er sich aus — das Geld im Kofferraum von Margot-Maries Wagen deponieren soll, und drohte, daß bei Einschaltung der Polizei Margot-Marie sofort . . . sofort getötet werden würde —

und . . . und dann holte er Margot-Marie an den Apparat, und Margot-Marie sagte:
»Tu, was sie verlangen, Bruno«, das sagte sie mit ganz schwacher Stimme; und es war ihre Stimme, hundertprozentig.
Samson: Weinstein fragt, ob Frau Tiefenthal sonst noch etwas geäußert hätte, jede Einzelheit sei wichtig.
Bruno Tiefenthal: Nein, Herr Weinstein, mehr sagte sie nicht, nur das. Und daraufhin wurde eingehängt.
Heidrun Rademaker: Bruno warf den Hörer auf die Gabel und fiel in einen Sessel. Er war fix und fertig.
Bruno Tiefenthal: *(mehr zu sich selbst)* Ja, es war garantiert ihre Stimme. Ich wollte Heidrun noch mithören lassen, aber, wie gesagt, es wurde nach Margot-Maries Worten prompt eingehängt, und Heidrun hat nichts mehr mitgekriegt.
Heidrun Rademaker: Nein, keinen Ton. Aber der Kerl rief abermals an, als Bruno zur Bank gefahren war. Ich glaube, er hielt sich ein Tuch oder so was vor den Mund. Die Stimme klang unnatürlich — irgendwie dumpf und gepreßt. Ich sagte: »Holen Sie mir mal Margot-Marie an den Apparat, Sie Schwein. Vielleicht haben Sie die arme Frau bereits abgemurkst und wollen ohne Gegenleistung kassieren — so 'ne Sauerei trau' ich Ihnen glatt zu. Wenn ich Bruno wär'« — sagte ich —, »würde ich so 'nem Gelichter wie euch nicht nur die Polizei, sondern auch noch die komplette Bundeswehr auf'n Hals hetzen« — also wirklich, ich war außer mir! Aber das Schwein kicherte nur unterdrückt in sein Tuch und sagte: »Warten Sie mal ab, möglicherweise leisten Sie der Dame bald Gesellschaft.« Und dann nuschelte der Mensch noch was Obszönes — ich möchte Ihnen die Bemerkung ersparen, meine Herren —, erinnerte noch mal mit Nachdruck an die »Piepen« und legte auf.
Bruno Tiefenthal: . . . Heidrun war völlig aufgelöst, als ich nach Hause kam. Am liebsten hätte sie diese Bestie in Menschengestalt abgeknallt — das sagtest du doch, Heidrun, nicht wahr?

Heidrun Rademaker: Wenn ich gewußt hätte, wo das Schwein steckt — sofort! Auf der Stelle! Ich sagte Schwein in Menschengestalt, Bruno, Schwein sagte ich, nicht Bestie . . .
Bruno Tiefenthal: Na schön, also Schwein, wie du willst.
Samson: Weinstein fixiert Fräulein Rademaker und erkundigt sich streng, ob sie denn im Besitz einer Feuerwaffe sei.
Heidrun Rademaker: Ich, äh — also, das war mehr so bildlich gemeint, verstehen Sie, Herr Weinstein?
Samson: Wir verstehen genau. Weinstein wechselt dezent das Thema: Ob Fräulein Rademaker in der letzten Zeit eine oder mehrere verdächtige Personen in der näheren Umgebung des Hauses gesehen hätte?
Heidrun Rademaker: Hm, nee — eigentlich nich' —, warten Sie mal. Jaaa — da war immer so 'n dicker, vollbärtiger Mann im Rollstuhl — ach so, ja — und so 'ne merkwürdige, tüddelige alte Oma, die ständig einen Fußball mit sich herumschleppte . . .
Samson: Wir bleiben todernst. Weinstein reibt sich sein Kinn, starrt Gedankenschwere mimend in die Luft und gibt dann beiläufig der Vermutung Ausdruck, daß Fräulein Rademaker unter diesem Dach wohl mehr oder weniger zu Hause sei — oder? Als Antwort schlägt uns ein beredtes Schweigen entgegen. Herr Tiefenthal räuspert sich peinlich berührt.
Bruno Tiefenthal: So, Herr Weinstein, und jetzt muß ich Ihnen noch die beiden Drohbriefe zeigen, die ich im Laufe der vorletzten und letzten Woche erhielt. Mit der Post.
Samson: Herr Tiefenthal entnimmt seiner Brieftasche zwei Zettel, die mit aus Zeitungen ausgeschnittenen Buchstaben beklebt sind. Der Text des einen lautet:
»Ich kenne Sie, mein Bester. Sie sind ein Lump, Ausrufungszeichen. Sie sind genauso mies wie ihr Sekt, Ausrufungszeichen. Aber dieser wird Ihnen bald sauer aufstoßen, das walte Gott. Ich werde dafür schon sorgen. Ein Verehrer Ihrer Frau, Ausrufungszeichen.«

Die andere Botschaft ist knapper gehalten:
»Warten Sie ab, Freundchen, Ausrufungszeichen. Bald werden Sie heulend und zähneklappernd Ihr blaues Wunder erleben, Ausrufungszeichen!«
Heidrun Rademaker: Sauer aufstoßen, was für 'n ordinärer Ausdruck.
Bruno Tiefenthal: Du sagst es, meine Liebe. Dummerweise hab' ich die Briefkuverts weggeworfen, Herr Weinstein.
Samson: Weinstein verzieht schmerzlich das Gesicht und erkundigt sich bei Herrn Tiefenthal, ob sich irgendwer in der Firma ungerecht behandelt fühlen würde — ob er kürzlich jemanden gefeuert hätte? Herr Tiefenthal schüttelte ratlos den Kopf.
Bruno Tiefenthal: Keine Ahnung — nein, ich wüßte niemanden. Tja, nun, Herr Weinstein, Herr Samson, das Geld habe ich von meiner Bank besorgen können, in kleineren Scheinen, wie gewünscht — es war, weiß Gott, nicht leicht, es so schnell zu beschaffen, aber es klappte. Hier, auf dieser Landkarte, sind der Wald und die Lichtung markiert, wo der Wagen stehen soll; die Banknoten stehen, in einem Koffer verpackt, bereit. Übernehmen Sie den Auftrag, Herr Weinstein?
Heidrun Rademaker: Bitte, Herr Weinstein. Nur Sie allein können Bruno helfen. Zur Polizei hat er kein Vertrauen — außerdem, das Risiko wäre viel zu groß. Oh, mein Gott. Wenn ich an diese arme Margot-Marie denke. Wie mag sie sich fühlen in der Gewalt dieser Verbrecher . . .
Samson: Sicher nicht so gut wie Fräulein Rademaker, die nach ihrem herzergreifenden Gefühlsausbruch gelangweilt an einer der Teerosen schnuppert. Mein Chef zuckt mit den Achseln, willigt mürrisch in das Unternehmen ein und erhebt sich. Ich erhebe mich auch: Wir alle erheben uns.
Weinstein wünscht von Herrn Tiefenthal eine Beschreibung der Teuren — oder besser, einige Ablichtungen.

Bruno Tiefenthal: Heidrun — hol doch bitte ein paar gute Bilder aus dem Sekretär.
Bitte hier entlang, meine Herren, der Koffer mit dem Geld steht in der Halle. Also — Margot-Marie ist achtunddreißig Jahre alt, zirka einsfünfundsechzig — ja, das müßte hinkommen —, schlank, ein rundes Gesicht, kastanienbraunes Haar, kurzgeschnitten; graue, nein, äh, grüne ... oder doch graue Augen? Nun, das ändert sich jeweils nach der Beleuchtung. Ach so, Margot-Marie hat ein Muttermal am rechten Oberarm.
(Ruft laut)
Heidrun — wenn die Fotos nicht im Sekretär sind, sind sie in der Kommode nebenan im Wohnzimmer!
(Mit normaler Stimme)
Also — wie schon gesagt, ein rundes Gesicht, schlank, sportliche Erscheinung, weißes Leinenkleid — oh, danke Heidrun, ... hier, Herr Weinstein, dieses Bild ist typisch ... und diese — leider sind es nur Schwarzweißaufnahmen ... So, da haben wir den Koffer ... Herr Weinstein, Herr Samson, Sie glauben gar nicht, wie dankbar ich Ihnen bin ... wirklich ...
Heidrun Rademaker: Ich drücke Ihnen die Daumen, meine Herren ...
Bruno Tiefenthal: Ich hoffe, Sie sind bald zurück, heil und gesund ... alle drei ...
Heidrun Rademaker: Seien Sie schön vorsichtig ...
(Eichelhähergekrächze oder ähnliche Waldvögel)
Samson: Worauf sie sich verlassen kann, wir sind schon vorsichtig. Nach einer anderthalbstündigen Wagenfahrt parkten wir das Fahrzeug am Waldrand und schleichen jetzt eine schmale Schneise entlang. Ich schleppe den Koffer — klar, wer sonst. Mir ist nicht allzu wohl zumute. Wer sagt uns denn, daß sich die Kidnapper formvollendet an die Regeln halten ... ich schiele nach rechts und links ins Strauchwerk ...

(Fasan fliegt kreischend auf, Flügelknattern.)
... und erliege fast einem Herzschlag, als plötzlich ein Fasan dicht neben uns aus dem Gebüsch aufflattert.
Weinstein macht ein Gesicht, als würde er nachdenken. Er verharrt, blickt auf seine Uhr, studiert die Karte, faltet sie zusammen und steckt sie ein. Dann macht er ein Gesicht wie ein Beerdigungsunternehmer bei einem Leichenbegängnis erster Klasse. Wir stolpern weiter.
In zehn Minuten erreichen wir die bezeichnete Lichtung. Das Mercedes-Cabriolet steht da. Wir pirschen uns heran, warten — schauen uns um. Nichts zu sehen. Wir lauschen. Nichts zu hören. Nichts Verdächtiges jedenfalls.
Der Wagen ist leer. Weinstein deutet auf den Kofferraum, gibt mir ein Zeichen.
(Kofferraum wird geöffnet.)
Ich stelle auftragsgemäß den Koffer hinein — neben drei andere, schwere Lederkoffer, die mit den Initialen M. M. T. versehen sind.
(Kofferraum wird geschlossen.)
Ich schließe den Kofferraum wieder. Weinstein lehnt sich an den Wagen. Ich lehne mich an einen Baum. So lehnen wir und gucken uns an. Wir warten. Wir lauschen. Weinstein dreht sich um und sucht mit den Augen den Boden am Waldrand ab. Es raschelt im Gesträuch. Kalter Schweiß tritt mir auf die Stirn. Ein Kaninchen flitzt davon. Es schlägt einen Haken und jagt in den Wald zurück. Ich stiere hinterher — und sehe zu meinem Entsetzen etwas Weißes hinter den Büschen auf der Erde schimmern ...
(Das Brechen von Ästen, Rascheln von Laub)
Wenige Sekunden später knien wir vor der Leiche von Margot-Marie Tiefenthal. Sie ist erschossen worden; das weiße Leinenkleid ist voller Blut. Neben ihr findet sich ein Zettel mit drei Worten in aufgeklebten Buchstaben: »Rache ist süß, Ausrufungszeichen.«
Schweigend starrt Weinstein auf das Papier. Er murmelt bitter: »Ich

ahnte es, Samson. Nein, ich wußte es. Die Geschichte mit der ›Entführung‹ war ein aufgesetzter Schwindel. Der Mörder verriet sich eindeutig.«
Nun, ja, wenn er das tat, dann wissen Sie ja genausoviel wie der Chef.

Also — wer ist der Mörder, und wodurch — vor allem *wodurch* — verriet er sich?

Zeit ist Geld

»Eine idyllische Landschaft, so recht geeignet für einen erholsamen Ausflug, nicht wahr, Chef?« bemerke ich, als wir den Wagen verlassen, um den Rest des Weges zu Fuß zu gehen. »Zum Teufel, Samson«, findet Zeus Weinstein wieder das richtige Wort, »es ist ausgesprochen hirnrissig, daß der alte Grand uns beauftragt, einen Kollegen von der stocksoliden Detektei Dewitz und Dewitz und seinen eigenen Sohn zu beschatten!« Mürrisch brütet er vor sich hin.

Was war geschehen? Lelia Grand, die aparte Tochter des jedermann bekannten Großindustriellen Jonathan Grand, war gekidnappt worden. Die Erpresser verlangten 200 000 Mark in bar und wünschten — wen nimmt's wunder — keinerlei Einmischung der Polizei. Schließlich einigte man sich für die Ablieferung des Geldes auf einen verläßlichen Angestellten von Dewitz und Dewitz namens Paul(chen) Bohn. Kaum war der Wackere, mit den Moneten in der Reisetasche, zum vereinbarten Treffpunkt abgezogen, verkündete Grands Stammhalter Thomas, die Übergabe der schwesterlichen Geisel heimlich verfolgen zu wollen, denn er sei mißtrauisch. Grand sen. rang die Hände, vergebens, Sohn Thomas war nicht zu bremsen, und so wurden wir — Weinstein und Saul Samson — buchstäblich in letzter Sekunde eingeschaltet, um wiederum ein Auge auf die beiden zu haben.

In weiter Ferne fällt ein Schuß. Weinstein sieht mich mit brechendem Blick an: Er muß jetzt nämlich sein Tempo beschleunigen. Nach fünf Minuten Schweinsgalopp bietet sich uns in einer Bodensenke folgendes Bild: Paulchen Bohn liegt reglos am Boden, und neben ihm stehen ein verstörter Thomas und sein ramponiertes Schwesterchen. Weinstein erheischt eine rasche und präzise Auskunft. Grand jr. schluckt und japst: »Also, ich folgte unserem Detektiv bis ungefähr hierher. Als er mich entdeckte, war er ziemlich sauer — ich mußte ihm versprechen, mich im Hintergrund zu halten. Als wir am Horizont einen Wagen kommen sahen, versteckte ich mich hinter einem Baum. Zwei von den drei Gangstern stiegen aus, zwischen sich hatten sie meine Schwester. Herr Bohn ging mit der Tasche zu ihnen. Einer der Kerle riß sie ihm aus der Hand und begann, die Banknoten in Plastiktüten zu stopfen. Der andere Typ zog einen Revolver und schoß, Bohn taumelte und brach zusammen. Lelia bekam einen Schreikrampf. Ich drehte durch. Ich rannte auf die Schweine zu — völlig verrückt, ich weiß. Und — Sie werden es nicht glauben — die Burschen hauten ab, in panischem Schrecken. Der mit den Tüten sprang hoch, stopfte sich die letzten Scheine in seine Jackentasche und warf sich blitzschnell in den Wagen. Wie bitte? Nein, wir haben hier nichts berührt, lediglich festgestellt, daß Bohn tot war.« Weinsteins Schweigen hat et-

Weinstein mustert den Tatort und den toten Kollegen. Ihm ist klar: Der Mörder steht neben ihm.

was Bedrohliches. »So ein Pech, Chef! Wir sind zu spät dran, fünf Minuten zu spät«, konstatiere ich, »sonst hätten wir wenigstens den Wagen noch gesehen.« — »Nichts hätten wir gesehen, Samson — oder doch, den Mord, kaltblütig ausgeführt von unserem jungen Freund hier. Das saubere Geschwisterpaar hat den ganzen Entführungsrummel erfunden, um an das Geld des alten Herrn zu kommen. Es wird hier in der Nähe zusammen mit dem Revolver versteckt sein. Eine kleine Unachtsamkeit hat die beiden verraten.«

Was zeigt, daß Thomas gelogen haben muß?

Dreimal Psi

Zeus Weinstein knallt seine Morgenzeitung auf den Tisch. »Jetzt reicht's mir, Saul Samson«, herrscht er mich an. »Ich habe Sie zigmal gebeten, mich mit dieser Person zu verschonen! Unsere Klientel wird langsam immer vulgärer, nebenbei gesagt. Im vorigen Jahr waren es obszöne Anrufe, die uns das Weibsbild zu vermelden wußte, und was gibt es heute, mein Bester?«
»Voodoo-Zauber«, sage ich. »Einer ihrer Mieter, gegen den Fräulein Bandilla prozessiert, will sie durch schwarze Magie dahinsiechen lassen!« — »Bravo!« bellt Weinstein. »Was unternimmt der Mann? Vollzieht er rituelle Ziegenschlachtungen in ihrem Vorgarten? Sticht er Nadeln in kleine Wachspuppen? Er sollte sich einen Speer anschaffen und besser gleich . . .« — »So ähnlich, Chef«, fahre ich fort. »Der Unhold pinnt Zettel, bekritzelt mit gezielten Beschwörungen, auf einen Nagel, der im Pfosten ihrer Hintertür steckt. Angeblich, natürlich, Chef, angeblich. Hier sind diese Dinger, drei Stück. Den ersten entdeckte Fräulein Bandilla morgens, am 23. Januar. Das aufgeklebte Datum ist also tags zuvor aus der Zeitung ausgeschnitten worden, sehen Sie? Das arme Opfer riß den Wisch ab, betrachtete die gekonnte Zeichnung und bekam prompt Migräne. Die zweite Verwünschung prangte am nächsten Vormittag an derselben Stelle. Resultat: Magenkrämpfe! Und heute schlug der Satan von hinten zu. Ich bitte, die Grafik zu begutachten, Herr Weinstein. Ein Hexenschuß war die Folge. Die so Geprüfte überreichte mir vorhin die drei Dokumente des Grauens mit der flehentlichen Bitte, das Auge des Meisters darüberschweifen zu lassen.«
Das Auge des Meisters schweift und funkelt gereizt. »Genau so habe ich mir die Figur dieses fetten Frauenzimmers vorgestellt. Weg mit dem Mist, Samson!« — Ich unterdrücke ein Grinsen. »Sie will den unerwünschten Mieter — ein Cellist übrigens — überrascht haben, wie er den bisher letzten Fluch angebracht hat. Dann hätte er sich unter teuflischem Lachen davongemacht, und Fräulein Bandilla kam, sah und siechte.«
Weinsteins Hohngelächter ist ebenfalls diabolisch. »Ich hätte nicht übel Lust, zeichnerisch endlich den Exitus herbeizuführen, Samson. Aber es würde nicht viel nützen, denn der ganze Hokuspokus ist nicht etwa pure Einbildung der Dame, sondern ist von ihr erstunken und erlogen worden, um den Mieter loszuwerden. Das kann man ganz deutlich sehen, nicht wahr?«

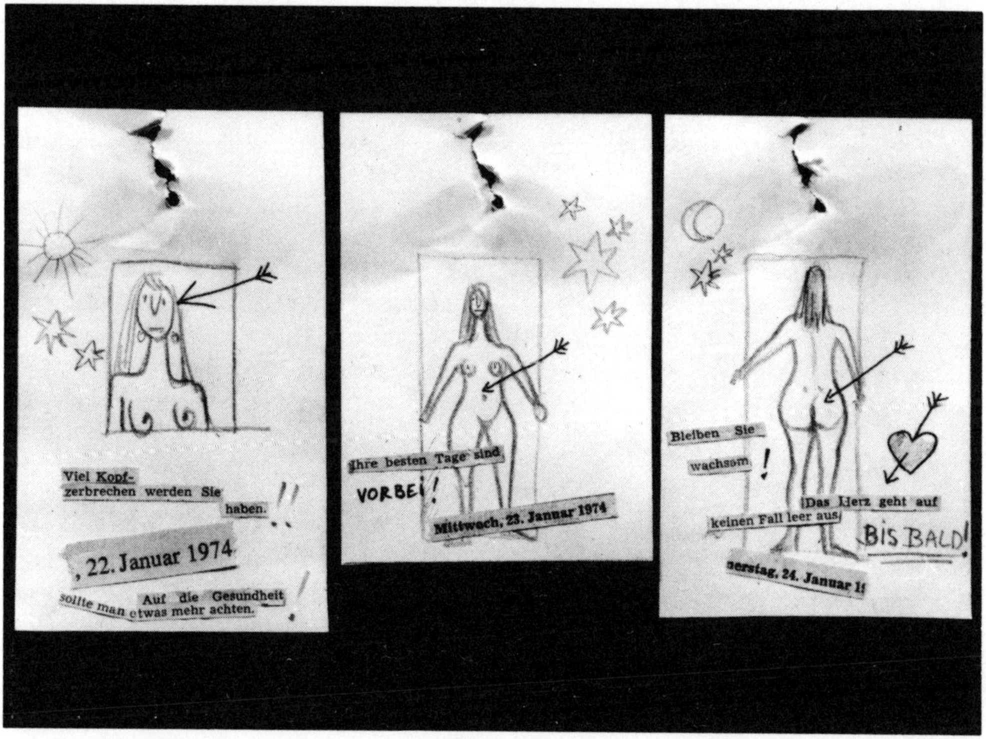

An drei aufeinanderfolgenden Tagen fand Fräulein Bandilla je einen Zettel, der auf einen Nagel gespießt war, riß ihn ab und wurde von Übel befallen. Behauptet sie. Doch sie lügt eindeutig.

Was fällt an den drei Zetteln auf?

Kalte Füße

Kommissar Walter Musfeldt und einige Beamte in Zivil betrachten uns mißmutig, als Weinstein und ich über die weite Schneefläche auf sie zutraben. »Du lieber Himmel, auch das noch«, stöhnt Musfeldt. »Wo kommen Sie denn her?« Weinstein deutet schweigend auf unsere Spur, die bis zum Horizont verläuft.

Wir mustern das in der Schneewüste mutterseelenallein dastehende Haus, und Weinstein fragt: »Sie nehmen an, er ist da drin, Musfeldt?« — »Was wollen Sie?« schnarrt Musfeldt. »Ich habe keine Ahnung, was Sie meinen.« Der Chef betrachtet angeekelt den Schlips des Kommissars. »Nun, mein Bester, Sie sind hinter dem Mann her, der vorgestern abend eine Bankfiliale ausgeraubt, einen Polizisten angeschossen und eine unbeteiligte Hausfrau niedergeschlagen hat. Dieser Mann wurde vorgestern abend hier in dieser gottverlassenen Vorstadt gesehen, und man nahm an, daß er sich in einem dieser abbruchreifen, leeren Kästen verstecken würde. Gut. Vorgestern nacht fing es wie wild an zu schneien. Es schneite auch gestern, aber heute in aller Frühe hörte es auf. Am Vormittag, gegen 9 Uhr 30, kam ein Mensch auf das Polizeirevier dieses Bezirks und erklärte, er sei soeben in einiger Entfernung an diesem Haus vorbeigekommen und habe dabei ganz deutlich den Gangster gesehen, dessen Konterfei er aus der Zeitung kenne. Der Mann habe sich weit aus dem einzigen Fenster an der Rückfront des Hauses herausgelehnt und mißtrauisch nach rechts und links gespäht. Dann habe er sich wieder zurückgezogen und das Fenster geschlossen.«

Weinstein schneuzt sich und fährt fort: »Auf der anderen Seite des Hauses führen keine Fußspuren zum Eingang, also glaubt man, daß der Kerl seit vorgestern abend, bevor es zu schneien anfing, hier sitzt — und zwar mit einem geladenen Revolver und der festen Absicht, ihn gegebenenfalls auch zu gebrauchen. Und Sie, mein lieber Musfeldt, versammeln hier gerade ein paar Polizisten und überlegen, was zu tun sei. Ein Beamter, den wir unterwegs trafen, hat uns dies alles soeben mitgeteilt.«

Weinstein dreht sich um und marschiert auf das Gebäude zu. Nach zehn Sekunden hat Musfeldt sich gefaßt. »Zurück, Mann, der legt Sie um!« Weinstein setzt seinen Weg fort, eine saubere Spur hinter sich herziehend, guckt zum Fenster hoch, schneuzt sich ein zweites Mal und ruft Musfeldt zu: »Sie können sich Mühe und Zeit sparen, Musfeldt, kommen Sie ruhig her. Die Geschichte, die Ihr Informant — entweder ein Verrückter oder ein Komplize — heute morgen auf dem Revier erzählt hat, ist von vorn bis hinten erlogen.«

Samson und Weinstein und Musfeldt im Schnee. Nur einer hat kalte Füße: Kommissar Musfeldt.

Welcher Umstand gibt Weinstein recht?

Sein letztes Wort

Kommissar Musfeldt blättert in seinem speckigen Notizbuch. »Also, Weinstein, die Haushälterin Ina Espeln betrat Montag vormittag um 11 Uhr das Haus von Herrn Börry, entdeckte jedoch seine Leiche erst gegen 12 Uhr. Frau Espeln sagte aus: ›Als ich ins Haus kam, öffnete ich zuerst die Tür zum Arbeitszimmer und schaute flüchtig hinein. Alles war in bester Ordnung, ich bemerkte nichts Ungewöhnliches. Und der Herr Börry war nicht zu sehen, von der Tür her, also von da, wo ich stand. Ich dachte, er sei oben in seinem Atelier. Ich ging in die Küche und wusch ab. Tja, ungefähr 'ne Stunde später, als ich im Arbeitszimmer staubsaugen wollte, da fand ich ihn dann. Er saß in seinem hohen Lehnsessel, war aber vornübergesackt, auf die Tischplatte, und rührte sich nicht. Ich hab' sofort die Polizei von der Diele aus angerufen. Im Arbeitszimmer hab' ich nichts angefaßt, es war übrigens tipptopp aufgeräumt, ich meine, ich hab' überhaupt nicht an Einbruch oder so was gedacht.‹« Musfeldt nickt. »Von der Zimmertür her konnte die Espeln die Leiche tatsächlich nicht sehen. Der hohe Lehnsessel steht mit der Rückseite zur Tür. Samson, Sie kennen sicher die gruseligen Comic strips, die Walter Börry gezeichnet hat. Er beschriftete wohl gerade eine Spruchblase, als er mitten im Wort nach vorn kippte und auf der Stelle tot war. Kaliumzyanid! Wir fanden eine Spur in einem Glas mit einem Rest Sherry und eine gehörige Dosis in einer Karaffe mit Sherry; beides stand in seiner Reichweite auf dem Schreibtisch. Der Tod muß am Abend zuvor zwischen 22 und 23 Uhr eingetreten sein, sagt der Arzt. Es gibt nur zwei tatverdächtige Personen: den Neffen Arthur und die Nichte Ester. Beide erben, und zwar reichlich.« Musfeldt zieht abermals sein Notizbuch zu Rate. »Gestern erschienen Arthur und Ester um 18 Uhr 30 bei ihrem Onkel; sie sagten ihm im Arbeitszimmer nur schnell guten Tag. Dann zog sich Arthur in die Bibliothek und Ester in den Wintergarten zurück. Die Espeln ist an den Wochenenden nicht im Haus. Gegen 22 Uhr 30 brachen die beiden wieder auf; keiner hatte in der Zwischenzeit mit dem anderen Kontakt und jeder einzeln die Gelegenheit gehabt, zu dem Onkel ins Wohnzimmer zu gehen und ihm unbemerkt das Gift in die Karaffe zu praktizieren. Arthur sagte aus: ›Ich habe die Bibliothek nicht verlassen. Als Ester und ich gingen, steckte ich nur kurz meinen Kopf durch die Arbeitszimmertür, ich sagte »Tschüs«, mein Onkel guckte um die Lehne des Sessels herum und nickte.‹ — Ester: ›Ich war den ganzen Abend im Wintergarten und habe Onkelchen nicht mehr gesehen. Arthur sah noch mal zu ihm ins Zimmer, da war ich aber schon an der Haustür. Ich tippe auf Selbstmord.‹« Musfeldt seufzt. »Tja, Onkelchen hatte wohl noch nicht an sei-

Schaurig waren die Themen des Comic-strip-Zeichners. Und ebenso schaurig mußte er enden.

nem unbekömmlichen Sherry genippt. Dann nahm er einen Schluck und brach augenblicklich zusammen. Das Gift wirkt blitzschnell.« — »Er konnte also nicht mal mehr den Namen seines Mörders aufschreiben«, konstatiere ich. — »Er hätte auch keine Zeit mehr für eine andere Betätigung gehabt«, sagt Weinstein. »Die hat recht unüberlegt die mörderische Person übernommen, bevor sie den Tatort verließ. Denken Sie an die Aussage von Frau Espeln, Musfeldt. Eine faustdicke Lüge verrät den Täter.«

Wer und welcher Umstand sind gemeint?

Hügel mit Leiche

Mein Herr und Meister und ich weilen gerade auf dem Land, da läuft uns ein Hauptkommissar namens Buttredder über den Weg und bittet den prominenten Weinstein, der Untersuchung eines Mordfalls beizuwohnen.
So stehen wir recht unfreiwillig vor Erdmuthe von Kirchnüchel. Die begabte Aquarellistin lehnt sitzend und mausetot an einem Baum. Später, im Haus der wohlhabenden Künstlerin, sind anwesend: Herr Heiner von Most, der graumelierte, nicht angetraute Lebensbegleiter Erdmuthes; ihre Nichte Helma Renkert; das treue Faktotum Fräulein Lisbeth; Förster Kienz und Hausarzt Dr. Fahrnholz. Der Kommissar bittet die Herrschaften, ihre Aussagen zu wiederholen. Herr von Most: »Gegen 10 Uhr 30 begab sich Erdmuthe an ihren Lieblingsplatz auf dem Hügel, um eine Skizze von der gegenüberliegenden Ruine zu machen. Um 14 Uhr sollte ich mein Täubchen abholen. Als ich pünktlich erschien, war es tot. Diesen kleinen Bogen Zeichenpapier mit einer eindeutigen Anschuldigung fand ich dort vor.« Die in der Tat recht eindeutig des Giftmordes bezichtigte Helma protestiert: »Um halb zehn habe ich meiner Tante Tee gekocht und ihn lediglich mit Süßstoff serviert.«
Der Kommissar bekam inzwischen eine Meldung vom Labor. Der Tee enthielt Gift, und zwar nicht zu knapp. Doch nun wird's mysteriös, denn Faktotum Lisbeth beteuert: »Ich war ja im Zimmer, als Helma den Tee brachte. Frau von Kirchnüchel schenkte sich 'n halbes Täßchen ein, trank aber keinen Tropfen davon, das kann ich beschwören, ich hockte die ganze Zeit neben ihr. Sie holte um 10 Uhr 15 Zeichenstift und Reißbrett, befestigte einige Bogen Papier mit vier Heftzwecken auf dem Brett und marschierte los.« Dr. Fahrnholz wiegt das Haupt: »Ich wurde umgehend von Herrn von Most herbeizitiert, er empfing mich hier im Haus, zeigte mir das Papier, und wir eilten raus zu der Toten. Na ja, ich hätte Herzversagen diagnostiziert, wäre nicht dieser Schrieb gewesen.«
Förster Kienz brummelt: »So um elf sah ich vom Waldrand aus Frau von Kirchnüchel auf dem Hügel sitzen. Etwas später erschien die Renkert und bot ihr einen Keks an, den Frau von Kirchnüchel auch verzehrte. Und dann schienen die beiden Krach zu haben. Frau von Kirchnüchel schwenkte wütend ihr Reißbrett, das konnte ich deutlich durch mein Glas beobachten; mehr leider nicht, ich mußte weiter.« Weinstein runzelt die Stirn. »Herrn von Most erblickten Sie nicht, mein Bester?« Der Förster schüttelt den Kopf. Weinstein fixiert Helma. »Und Sie?« — »Auch nicht, ich bin gleich nach der Auseinandersetzung ins Haus gerannt. Und wenn Sie meinen, ich hätte meiner naschhaften Tante vergiftete Plätzchen gebacken, dann,

Hatte sich das unglückliche Opfer geirrt? Oder stammen die Zeilen etwa gar nicht von der Toten?

dann ...« — »Die Plätzchen sind sicher in Ordnung«, murmelt Weinstein. Dr. Fahrnholz schaut auf. »Also, möglicherweise doch das Herz?« — »Nein, nein, Gift, Doktor, das wird die Obduktion erweisen ...« — »Und wer, zum Teufel, soll sie vergiftet haben ...?« — »Der Mörder!« werfe ich überaus scharfsinnig ein. Weinstein nickt. »Richtig, Samson, der Mörder, der alles zu prächtig arrangiert hat — bis auf eine Kleinigkeit.«

Wer ist der Mörder, und was machte er falsch?

Ein Psi-Problem

Samson: *(im Hintergrund: Geplapper einer Frauenstimme, deutlich hörbar, aber unverständlich)* Zeus Weinstein lehnt sich im Sessel zurück, preßt die Fingerspitzen aneinander und schließt die Augen. Unsere Klientin mag das für eine Manifestation äußerster Konzentration halten, ich jedoch kenne diese Attitüde zur Genüge. Der gewissenhafte Kriminalist schaltet nunmehr schlicht ab und widmet seine Gedanken allen möglichen Dingen, nur nicht den momentan vorgetragenen Problemen — Seelenblähungen im Sturzbachtempo, wie ich in diesem Fall sagen möchte. — »Man verwechselt mich allzugern mit einem Psychiater, lieber Saul Samson«, pflegt Weinstein oft genug in gespieltem Unmut zu klagen, dünkelhaft, wie er ist.
Doch zurück zu unserer Besucherin, einer reizvollen, aber nervenden jungen Dame, deren sonderbaren Namen ich gerade für die Kartei notiert habe.
»Erdmuthe Phaulstrick«, so heißt sie — »Phaulstrick« mit »Ph« am Anfang und gesprochen wie »Phantasie«. Das macht die Sache zwar nicht viel besser, aber immerhin — also, Erdmuthe Phaulstrick, Ehe- und Hausfrau, vermerkte ich auf meinem Block und: Alter ungenannt.
Was Frau Phaulstricks — mein Gott, ein fürchterlicher Zungenbrecher —, nochmals: Was Frau Phaulstricks Anliegen betrifft, so hören wir höflichkeitshalber einfach mal hin:

Frau Phaulstrick: *(Stimme wird lauter, dann hört man sie in einem gleichmäßigen, einförmigen Redeschwall schnell, nicht zu hektisch sprechen.)* . . . nicht wahr, meine Herren, ich hoffe, daß Sie mich richtig verstehen, aber Tag für Tag das tägliche Einerlei, stellen Sie sich vor, Tag für Tag, Woche für Woche; immer das gleiche, nicht wahr — mein Mann ständig auf Reisen, das ist sein Beruf, ganz klar,

als Objektmanager eines Großverlags muß er reisen — ich hoffe, Sie verstehen mich richtig, aber ich meine, da spürt man irgendwann diese Leere, nicht wahr, diese grenzenlose Leere des existentiellen Seins, so würde ich es bezeichnen, ich hoffe, Sie verstehen mich richtig — also, die Dinge an sich erscheinen so sinnlos, auch im metaphysischen Bezug, ich weiß nicht, ob es Ihnen auch so geht, aber ich erkundige mich oft, streng analytisch, bei mir selbst; Erdmuthe, frage ich bei mir an, Erdmuthe, hast du ein Ziel, das über das Triviale hinausführt und in das Mystische hineinreicht? Ich hoffe, Sie verstehen mich richtig; . . .
(Stimme wird leise und leiser.)
. . . all das . . . aber . . . nicht nur das . . .
Samson: *(eingeblendet)* Wichtige Information zwischendurch. Zeus Weinstein scheint eingeschlafen zu sein!
Frau Phaulstrick: *(Stimme wieder lauter und lauter)* . . . ich weiß nicht, ob Sie mich verstehen, also, das hat mich immens beschäftigt, das Semester für japanisches Blumenstecken, dieses Schwingen in Harmonie — einmal wöchentlich gab ich meinen sozialpolitischen Jour fixe, sehr progressiv, ganz ohne Aufwand, Brot, Käse, Bier, hochinteresssante Diskussionen über die Problemstellung des Arbeiters, insbesondere in seinem Verhältnis zur repressiven Gesellschaft, oder so ähnlich, mit engagierten jungen Leuten, ganz unbürgerlich, belegte dann zwölf Stunden Steptanz, Sie verstehen — probierte Gymnastik, Aerobic, autogenes Training, aber die Migräne wurde nicht besser, Akupunktur — er pikste wohl die falschen Stellen, die Migräne blieb; dann sagte mir jemand: Yoga, Versenkung und all das — also gut, Yoga bei einem Guru aus, äh, hm, aus Pinneberg, na ja — brachte alles nichts, die Beine schliefen mir ein — was nützt das meiner Seele — vor allem nach dem Tode? Das Transzendentale brauchte ich! Schließlich empfahl mir eine gute Freundin einen sensationellen Sensitiven für mediale Lebensberatung! Frank Thondersen!

Samson: Wir schrecken auf. Frank Thondersen! Der Name wirkt wie eine kalte Dusche. Frank Thondersen! Dieser spitzbärtige Vorstadtdämon bezeichnet sich selbst als einen Seher und Parapsychologen; wir kennen ihn vorzugsweise als Scharlatan und Erpresser. Seine Klientel besteht in der Hauptsache aus der namenlosen Schar unverstandener Frauen, und seine übersinnliche Gabe des Hellsehens bezieht sich einzig und allein auf deren Bankkonten. Des Meisters Spezialität ist die »psychokinetische Fotografie«.
Zeus Weinstein kommt kurz und bündig zur Sache und spricht Frau Phaulstrick auf das heikle Thema der »Psychofotos« an.
Der Mund der Errötenden wird zu einer schmalen Linie. Als er sich wieder öffnet, gibt er uns überraschend knapp und präzise Bescheid:
Frau Phaulstrick: *(lacht bitter)* Dieser . . ., dieser Bilder wegen bin ich ja hier in Ihrem Büro, Herr Weinstein. Also — anfangs, auf der ersten Sitzung, dozierte Thondersen über die parapsychische Botschaft des Traumes und erklärte, daß bei der Schilderung des Traumerlebnisses eine Senkung der Bewußtseinsspannung die Entfaltung von Psi begünstigt. Und dazu gehöre, hm, ja — und dazu gehöre eben auch das Ablegen der Kleidung. Ja, hm, das, äh, Ablegen der gesamten Kleidung. Meiner Kleidung — nicht seiner, tja, ich hoffe, Sie verstehen mich richtig, meine Herren. Tja, und im Laufe der zweiten oder dritten Sitzung meinte er, ich sei ein hervorragendes physikalisches Medium und wie selten eines dazu befähigt, psychokinetische Phänomene zu bewirken. Ich könne zum Beispiel dank dieser Kraft Filme einer Polaroidkamera belichten, ohne den Apparat zu berühren. Ha, wenn Sie wüßten — ach so, Sie wissen ja. Thondersen plazierte so ein Ding irgendwo in die dunkelste Ecke des Raumes und befahl mir fortwährend im Flüsterton, die Augen zu schließen und mich auf, äh, meinen Körper zu konzentrieren. Dann machte es manchmal »klick« in der Ecke . . .
Samson: . . . und der Meister für mediale Lebensberatung war im Besitz pikanter Aktaufnahmen, die bei jedem Ehegatten zumindest

Verwunderung hervorrufen würden, der sein liebes Frauchen noch nie randscharf in den entspannten Arbeitspositionen eines Psi-Experiments erblicken durfte.
Das physikalisch-mediale Frauchen materialisierte also genügend Bargeld für Frank Thondersen, weil sie es der ehelichen Harmonie wegen für wünschenswert hielt, dem Angetrauten die übersinnliche Dokumentation zu ersparen.
Zeus Weinstein schreitet zum Telefon und kündigt dem Famulus Frank Thondersens eine Visite an. Fadenscheinige Einwände der Gegenseite erstickt Weinstein mit einem Hinweis auf enthüllende Beurkundungen über Thondersens Lehr- und Wanderjahre, die sich in unserem Aktenschrank befinden.
Eine Dreiviertelstunde später stehen wir im Allerheiligsten.
(Eine Musik wie Sphärenklänge)
Mit schneidender Stimme beglückwünscht Zeus Weinstein des Meisters Gehilfen zu dessen Fertigkeit, so ätherisch die Kamera zu bedienen, schickt ihn aus dem exoisch drapierten Gemach, deutet auf Frau Phaulstrick und äußert, daß Herr Thondersen ja bereits das Vergnügen gehabt hätte. Der Meister simuliert Erstaunen:
Frank Thondersen: Ich bin untröstlich — was habe ich versäumt! Leider apperzipiere ich heute zum erstenmal die liebliche Anmut von, äh, von . . . wie war noch gleich der werte Name?
Frau Phaulstrick: Erdmuthe Phaulstrick, Sie Schwein! Das wissen Sie ganz genau!
Frank Thondersen: Phaulstrick? Phaulstrick? Aber meine Liebe, Sie sind einem fürchterlichen Irrtum erlegen. Der bemerkenswerte Name Phaulstrick schlug niemals an mein Ohr, noch durfte mein entzücktes Auge Ihre Schönheit schlürfen . . .
Frau Phaulstrick: Sie haben den bemerkenswerten Namen sogar Ihrer Kartei einverleibt — Sie, Sie Molch, Sie! He, wozu läuft denn das Tonbandgerät?
Frank Thonderson: Wenn ein so skrupelloser Schnüffler wie der

Herr Weinstein in meinem Hause weilt, ist es ein Akt der Selbsterhaltung, jedes gesprochene Wort zu registrieren. Sie beliebten zu erwähnen, Ihr Name schmücke meine Kartei? Er schmückt sie nicht, meine Liebe, leider nicht — ich hätte ihn auf der Stelle beigefügt, wenn ich von Ihrer Existenz nur etwas geahnt hätte, aber man ist ja schließlich kein Hellseher, nicht wahr? Haha!

Samson: Der sensitive Schmierenkomödiant stelzt zu einem Karteischränkchen und zieht eine Schublade auf.

Frank Thondersen: Bitte treten Sie näher, meine Herrschaften; überzeugen Sie sich.

Hier, bitte: Paapke, Alice — Padberg, Edith — Pätzelmann, Frieder — Pagels, Irmi — nee, nee, nee, Sie können Ihre Nase so tief in den Karteikasten stecken, wie Sie wollen, Herr Weinstein, eine Erdmuthe Phaulstrick ist nicht verzeichnet . . .

Samson: Weinstein läßt Nase Nase sein und reibt sich die Hände. Er frohlockt, daß ein Tondbandgerät die Niederlage des falschen Propheten akustisch aufgezeichnet hat, und verlangt nach der Polaroidkamera, um des Optischen Genüge zu tun.

Frank Thondersen, an seinem Karteischränkchen lehnend, Frank Thondersen, in den Karteikarten blätternd, Frank Thondersen eines saudummen Fehlers überführt!

Das sei ein himmlischer Schnappschuß für unser Fotoalbum.

Weiß Gott, dieser alte Gauner ist beileibe nicht mit okkulten Fähigkeiten ausgestattet!

Beileibe nicht, denn welcher saudumme Fehler unterlief ihm?

Eine guttrainierte Leiche

Samson: Kaum war der Kriminalromanautor Berthold Bekmoor, Pseudonym Bert Bek, von seiner lieben Nichte Helma vergiftet worden, kaum bedeckte Bekmoor die schwarze Erde, da wurde sein berühmtes Erstlingswerk, »Stürmische Windstille« geheißen, in einer Neuauflage blitzschnell wieder auf den Markt geworfen.
Und jetzt tummeln Zeus Weinstein und ich uns auf dem Gelände der A-P-C-Filmgesellschaft und stehen dem Regisseur Volker Markdorf bei der Anfertigung einer Kinoversion des Buches beratend zur Seite; nun — äh, mein Chef mehr als ich. Markdorf hat augenblicklich Schwierigkeiten mit seinem Darsteller Rolf Fredemann.
Volker Markdorf: . . . Ich könnte diese Hupfdohle eigenhändig erwürgen — wenn er nicht stumm und tot wichtiger für mich wäre. Wir haben die Einstellung zigmal wiederholt, nie klappt es, nie — der Kerl ist außerstande, überzeugend zu krepieren. Sie kennen diese Szene. Meine Frau Yvonne als Peggy Poll schießt ihn nieder, nicht wahr, und meinen Sie, der Fredemann fällt hin, wie ein anständiger Mensch hinfällt, wenn er sauber abgeknallt wird? I wo! Der große Mime taumelt und tänzelt und dreht und wendet sich — das sterbende Schwein, wie aus dem Ballett. Na, und als ruhende Leiche wirkt er so lebensnah wie eine Wachsfigur, verstehen Sie, Fredemann *ist* keine Leiche, der *spielt* 'ne Leiche — und zwar miserabel!
Samson: Weinstein und ich schütteln mitfühlend den Kopf und lassen den schäumenden Markdorf im Studio zurück; wir schlagen die Mantelkragen hoch — es gießt in Strömen — und hasten über den Parkplatz zur Kantine.

Vor dem Eingang prallen wir mit der miserablen Leiche zusammen, sie steckt in einem großkarierten Tweedmantel, scheint guter Dinge zu sein, grüßt freundlich und springt munter zu dem Ateliergebäude

hinüber. Nee, nee, diesem Fred-Astaire-Verschnitt traut man das Sitzfleisch für eine ordentliche Totenstarre nicht zu.
Tja, aber eine andersgeartete Qualifikation darf man ihm absolut zutrauen — einer lautstarken Auseinandersetzung zwischen Volker Markdorf und seiner Frau Yvonne nach zu urteilen. Weinstein und ich kommen nach dem Essen in das halbdunkle Atelier und werden — unfreiwilllig — Ohrenzeugen des heftigen Disputs:
Volker Markdorf: . . . Es ist mir scheißegal, daß du was mit diesem Stenz hast, ich wünsche nur nicht, daß du hier vor aller Augen mit deinem Rolfimäuschen rumschnäbelst. Rolfimäuschen hier, Rolfimäuschen da, ist Rolfimäuschen nicht herrlich, ist Rolfimäuschen nicht toll? Wenn sich Rolfimäuschen bloß mal auf seine Rolle konzentrieren würde . . .
Yvonne: Ich glaub', ich bin im Kino! Herr Volker Markdorf imitiert den Eifersüchtigen — daß ich nicht lache! Herr Volker Markdorf bestimmt, was Rolf und ich zu tun und zu lassen haben! Herr Volker Markdorf predigt Moral; ein imponierender Appell, alle Achtung! Du vergißt lediglich dein eigenes sittenloses Treiben mit dem blonden Frettchen — Entschuldigung, mit Fräulein Jutta Schmielau, der begnadeten Regieassistentin — zu erwähnen, nicht wahr?
Und was das Schnäbeln betrifft — bitte, kein Neid, mein Lieber. Ich verstehe voll und ganz, daß diese Tätigkeit bei *dem* Bibergebiß der Dame kein reines Vergnügen bedeutet — nee, eher 'n Risiko für manche Gesichtspartien.
Volker Markdorf: . . . Typisch, ganz die unparteiische Göttin der Vernunft in ihrer bestechenden Sachlichkeit. Ach so, abschließend ein kleiner Tip: Rolfimäuschen treibt's mit Linda, jawohl, mit deiner Busenfreundin Linda. Frag den Puppenstubencasanova doch mal nach Linda, wenn du ihn, wie üblich, gegen sechs in seiner Garderobe abholst . . . das allerliebste Rolfimäuschen . . .
Samson: Weinsteins Mundwinkel zucken verdächtig, und wir verziehen uns. Ein amüsantes Intermezzo. — Fürwahr, das Leben schreibt

die besten Stücke — doch wem erzähle ich das —, tja, und demzufolge stehen wir um 18 Uhr 15 in Fredemanns Garderobe vor seiner Leiche — und Ehre, wem Ehre gebührt — vor einer perfekten Leiche.
Zugegeben, ganz allein hat er's nicht geschafft, irgend jemand half ihm kollegial, und so liegt der Akteur — wie es das Drehbuch verlangt — vorschriftsmäßig erschossen und tot, jedoch falsch plaziert, in dem winzigen Bad auf den Kacheln.
Eine Waffe findet sich nicht; niemand hat einen Schuß gehört — exakt ausgedrückt, niemand will einen Schuß gehört haben.
Ja — und wer entdeckte den Gemeuchelten und alarmierte den in der Nähe weilenden berühmten Kriminologen?
Yvonne Markdorf alarmierte ihn, und zwar mittels hoher, spitzer Schreie. Die Fassungslose atmet schwer und stößt hervor:
Yvonne: Ich, äh, . . . ich, also Rolf und ich hatten uns für 18 Uhr in seiner Garderobe verabredet, ich erschien pünktlich, aber Rolfimäu . . ., also, der Rolf, äh, war nicht hier — ich meine, allem Anschein nach nicht hier. Ich wartete ein paar Minuten, und dann wollte ich mir ein Glas Wasser holen, aus dem Bad, und da, und da — ja, da lag er . . . nicht wahr, da lag er . . . so wie jetzt.
Samson: Volker Markdorf grabbelt nervös in seiner Manteltasche und kramt einen Zettel ans Tageslicht.
Volker Markdorf: Da, Herr Weinstein, Fredemann hinterließ mir eine Notiz, ich möge ihn gegen Viertel vor sechs in seiner Garderobe aufsuchen. Ich klopfte um diese Zeit an die Tür, aber er antwortete nicht, und ich zog wieder ab. Ja, und ungefähr gegen sechs besprach ich auf dem Parkplatz ein technisches Problem mit einem Beleuchter, mit Herrn Schmidt, ja, und danach wollte ich's noch mal mit Fredemann probieren, na ja, und da waren Sie ja schon hier versammelt, . . . mehr kann ich nicht sagen.
Samson: Markdorfs Mantel trieft vor Nässe. Ich frage, ob Frau Markdorf ebenfalls von draußen gekommen sei.

Yvonne: Ja, ja, das bin ich, ich trank in der Kantine eine Tasse Kaffee. Ach ja, und kaufte mir eine Tafel Schokolade, stimmt — eine Tafel Vollmilch-Nuß. Sie steckt in meiner Manteltasche.
Samson: Ich sehe mich in dem Raum nebenan um, nehme den karierten Tweedmantel von dem einzigen Haken und den darunterhängenden schwarzglänzenden Regenmantel von Frau Markdorf in Augenschein. Auch dieser Mantel ist naß; die Tafel Schokolade findet sich in der rechten Tasche.
Weinstein fixiert den Regisseur und murmelt, ihm gefiele die Story überhaupt nicht. Ich nicke beipflichtend. Wir alle nicken beipflichtend. Selbst der Mörder nickt beipflichtend.

Wer ist es, und was verriet ihn?

Der Tote am Telefon

Samson: Wir klingeln einmal, wir klingeln zweimal! Wir, das sind Zeus Weinstein und meine Wenigkeit, sein treuergebener Arbeitnehmer Saul Samson. Der Treuergebene war vor zirka einer Stunde so töricht gewesen, den Anruf eines namenlosen männlichen Wesens entgegenzunehmen, das ihn bat, mitsamt dem Meister pünklich um 22 Uhr bei dem alten Zacharias Liebholz — dem bekannten Bankier — vorzusprechen. Wie schon gesagt, pünktlich! Es handele sich um eine dringliche Angelegenheit!
Der Meister hatte mich angepfiffen und für alle Zukunft angewiesen, der werten Kundschaft nach 20 Uhr zu bedeuten, der gnädige Herr sei tanzen gegangen.
Wir klingeln ein drittes Mal an der Haustür. Es ist 22 Uhr, auf die Sekunde. Nichts rührt sich.
Ein Schatten düsterer Vorahnung fällt über Weinsteins Züge.
Wir hasten durch den Garten um das Gebäude herum, jagen die Stufen zur Terrasse empor, stutzen über die geöffnete Verandatür und stehen im Wohnzimmer. Eine Lampe mit rotem Schirm wirft ihr mildes Licht auf Herrn Liebholz, der in einem kühngeblümten Morgenmantel bäuchlings auf dem Boden liegt. Sein Hinterkopf zeigt eine klaffende Wunde, seine rechte Hand hält einen Telefonhörer umklammert. Der Apparat befindet sich auf einem Tischchen, direkt neben dem Reglosen. Wir beugen uns tief über den Geblümten — und was hören wir?
(Rufzeichen)
Samson: Jawohl, wir vernehmen das Freizeichen . . . und was hören wir dann?
(Knacken in der Leitung, auf der anderen Seite wird der Hörer abgenommen.)

Stimme aus dem Hörer: Dr. Herbert Moorgans. — Hallo? Moorgans hier? Hallo! Wer ist da — so melden Sie sich doch!
Samson: Zeus Weinstein meldet sich, sagt, wer er ist, und fügt »bei Liebholz« hinzu. Zweckentsprechend hat er sich flach hingestreckt und parallel zu Herrn Liebholz plaziert, der ihm die Mühe abnimmt, den Hörer zu halten.
Stimme: Ja, hm, äh — wollte Herr Liebholz mich sprechen?
Samson: Weinstein gibt bekannt, daß Herr Liebholz tot und daher außerstande sei, ein vernünftiges Gespräch zu führen.
Stimme: Tot? Sagten Sie tot? Sie scherzen wohl? Ich bin sein Hausarzt. Ich muß das besser wissen. Er war noch vor einer guten Stunde einigermaßen wohlauf. Nein, nein, Sie irren sich, mein Bester, Sie irren sich. Flößen Sie ihm langsam, ganz langsam einen Suppenlöffel Cognac ein. Sie finden welchen in dem Mahagonischränkchen, rechts neben der Tür.
Samson: Ich gehe zum besagten Schränkchen rechts neben der Tür hinüber. Weinstein winkt ab. Er gibt dem Arzt den Tatbestand durch. Liebholz ist brutal von hinten niedergeknüppelt worden, und zwar mit einer scheußlichen, massiven afrikanischen Holzplastik. Sie liegt mitten auf dem Teppich. Weinstein deduziert weiterhin, daß der unsanft Traktierte wohl noch die wenigen Meter bis zum Telefon hätte kriechen können, um die Nummer seines Arztes zu wählen. Diese gewählt habend, sei Liebholz verschieden. Dieser scharfsinnigen Hypothese schließt sich Dr. Moorgans an.
Stimme: Dann muß der Mörder ja ganz knapp vor Ihrem Eintreffen entwischt sein, Herr, äh, Weinstein. Bei mir hat das Telefon auch in der Tat endlos gebimmelt, ehe ich abnehmen konnte — ich saß nämlich in der Badewanne. Also so was! — Sagen Sie mal, wo treibt sich eigentlich dieser seltsame Vogel rum, dieser sogenannte Privatsekretär? Ist er bei Ihnen? Den hatte ich bis heute noch nie gesehen, sonst öffnete mir immer die gute alte Lisa die Haustür. Der Bursche brachte mich auch rauf ins Schlafzimmer zu Liebholz. Tja, der arme

Alte lag im Bett, dem ging's nicht gut. Das Herz! Ich gab ihm ein leichtes Schlafmittel, rückte das Telefon auf dem Nachttisch in seine Reichweite und empfahl mich, als er bereits zu schlummern schien. Ich mache einen um den anderen Tag meinen Besuch — meistens so gegen 20 Uhr 30. Tja, und dieser merkwürdige Mensch, dieser Sekretär, geleitete mich wieder runter in die Halle — wo zum Teufel steckt der denn? Haben Sie sich schon oben umgesehen, Herr Weinstein?
Samson: Weinstein verneint und bittet Dr. Moorgans, ohne Verzug zu kommen. Weinstein legt den Hörer auf die Gabel. Nebenbei, es war nicht einfach, ihn dem Verstorbenen aus der Hand zu winden. Ich prophezeie, daß Kommissar Musfeldt wüten und stampfen wird, wenn er erfährt, wie mein leichtfertiger Chef mit Herrn Liebholz, dem Telefonhörer und mit allen möglichen Spuren just zu hantieren beliebte.
Und wissen Sie, was der Chef sagt? Er sagt, rufen Sie Musfeldt sofort an, er wird dann ungefähr gleichzeitig mit dem Mörder eintreffen. Das sagt er und meint Moorgans. Der Doktor hätte sich ein perfektes Alibi basteln wollen, das sei ihm beinahe auch gelungen. Aber er hat sich dann eindeutig verraten, ganz eindeutig verraten.

Tja, und wodurch?

Aktion Arktis

Wolfram H. Hadamar, ein bisher wenig erfolgreicher Filmproduzent, holt jetzt zum großen Schlag aus. »Mein neues Projekt wird ein Action-Thriller der Spitzenklasse«, erklärt er. »So was wie James Bond.«
Wir weilen auf dem Gelände der Excelsior-Studios, und Wolfram H. Hadamar führt uns stolzgeschwellt zu den Ateliers, die er gemietet hat. »Der Film soll ›Aktion Arktis‹ heißen«, sagt er. »Oder vielleicht ›Siedepunkt Arktis‹.« Und dann erzählt uns Hadamar viel wirres Zeug von Atom-U-Booten, die das Nordpolgebiet unter der Eisdecke durchqueren, von vor Waffen starrenden Raupenfahrzeugen, die es über dem Eis durchqueren, er schwadroniert von Verfolgungsjagden per Hund-, Rentier- und Motorschlitten, von einem wahnsinnigen Multimilliardär, der in einem Eiskastell haust und mittels seiner Privatarmee und einer monströsen Laserwaffe die Weltherrschaft anstrebt. Daraufhin schwärmt Hadamar von seiner platinblonden Hauptdarstellerin, im Film Nadja Nansen (!) genannt, und die wird von dem Oberschurken irgendwie eingefroren, weil er sie frisch und knackig für später aufheben will, wenn er erst mal die Hauptarbeit erledigt hat.
Doch schon naht der Retter in Gestalt des Superagenten, dessen Name so ähnlich wie »Jack Pond« klingt ... — »... und da hatte ich 'ne tolle Idee«, verrät Hadamar. »Der Agent dringt unerkannt in die gegnerische Festung ein, und zwar als Eisbär verkleidet. Na, Herr Samson, was sagen Sie dazu?« Ich bin sprachlos und spreche das aus. — »Ja, wirklich, eine glänzende Idee«, wiederholt Hadamar bescheiden. »Nebenbei, der Drehbuchautor fand sie total bescheuert und quittierte mit Gezeter den Dienst. Oder richtiger, ich hab' ihn gefeuert. Aber als er vor 'ner Woche reumütig angekrochen kam, nahm ich ihn in Gnaden wieder auf, zumal er für einige Szenen neue Einfälle mitbrachte. Zum Teil sogar brauchbare. Das meint auch der Regisseur.«
Wir steuern auf eine Riesenhalle zu. »Worauf es mir hauptsächlich ankommt«, dröhnt Hadamar, »ist absolute Realität. Jedes Detail der Landschaft und ihrer Fauna, der Schiffe, der Fahrzeuge, die gesamten Requisiten müssen stimmen. Mit den Phantasieprodukten verfahren wir großzügiger, klar, mit der Laserkanone zum Beispiel und dem Eispalast. Sonst darf uns kein Fehler unterlaufen — da passe ich wie ein Schießhund auf.
Wir betreten Halle V. Die gigantische Kulisse, ein monumental geschichtetes Eisfeld darstellend, ist imposant. »Glaub' schon, daß es dort in der Gegend so aussieht. Der Filmarchitekt hat die Dekoration nach einem Bild eines gewissen Caspar David Friedrich gebaut«, sagt Hadamar und schildert uns die hier stattfindende dramatische Schlußszene:

Eine monumentale Dekoration steht für das Finale des Abenteuers bereit. Entwurf C. D. Friedrich.

»Also, der Held hat Nadja Nansen aus dem explodierenden Kastell gerettet, zieht sich das Eisbärfell aus und fängt so 'n bißchen was mit ihr an, also, sehr sexy, trotzdem fast jugendfrei. Um das Ganze lebendiger zu machen, watscheln in der Nähe ein Haufen Pinguine herum, unheimlich possierlich, die leihen wir uns von Hagenbeck. Und jetzt kommt der Clou, der stammt von dem Autor. Eins von den Viechern ist 'n Roboter, und der wird ferngelenkt von dem Schurken, der dem Inferno zu guter Letzt entrinnen konnte. Die Pinguinattrappe nämlich hat 'ne Bombe im Bauch, und nun rollt dieses Ding auf die zwei zu, und . . . aber, nee, mehr möcht' ich Ihnen nicht verraten.«

»Eine zündende Idee«, sagt todernst der Chef. »Dennoch, eine brisante Bombe ist auch in dem Film eingebaut, mein Lieber. Ich meine, was seine sogenannte realistische Komponente betrifft.«

Worauf spielt Weinstein an?

Der verlorene Sohn

Wir bleiben in einiger Entfernung vor dem halbverfallenen unbewohnten Herrenhaus stehen und mustern es mißtrauisch. »Hoffentlich ist er da drin«, sage ich zu Zeus Weinstein. »Und wenn ja, dann hoffentlich lebendig, Samson«, fügt Weinstein hinzu. Die Rede ist von Johannes Brechtholz, 19 Jahre alt, der vor sechs Tagen entführt worden ist. Der Sohn des Großindustriellen Ralph Maria Brechtholz hatte nach dem Abendessen das Haus verlassen, um ins Kino zu gehen, war aber nicht mehr zurückgekehrt. Am nächsten Morgen teilte eine heiser flüsternde Stimme den bestürzten Eltern mit, daß Johannes »in unserer Gewalt« sei, und am Tag darauf forderte dieselbe gepreßte Stimme den runden Betrag von 100 000 Mark in kleinen Scheinen als Lösegeld. »Und keine Polizei, sonst . . .«, also wurden der Chef und ich von den Brechtholzens zu Hilfe gerufen. Gestern hatte ich das Geld in einem Koffer an einem bezeichneten Platz im Wald deponiert — auf gut Glück, denn erst heute wollte uns die Flüsterstimme das Versteck der Geisel preisgeben. Doch am Vormittag bekamen wir Bescheid, und so stehen wir drei Stunden später in einsamer Landschaft vor dem baufälligen Haus, in dem wir den Unglücklichen vermuten dürfen.

Die Haustür ist nur angelehnt, wir tappen in die dunkle Halle. Das elektrische Licht funktioniert nicht mehr, Weinstein zieht seine Taschenlampe hervor. Wo genau der Gesuchte sich hier befinden soll, wissen wir nicht. Wir lauschen. Der Wind rüttelt an den brüchigen Fensterläden, sonst ist nichts zu vernehmen. Wir durchsuchen die ausgeräumten Zimmer im Parterre, den Keller — von Johannes keine Spur. Wir erklimmen die gefährlich morsche Treppe zum ersten Stock. Ein Schlafzimmer ist noch voll möbliert. Auf dem Bett liegen ein paar schmutzige Wolldecken und alte Zeitungen, in einer Ecke häufen sich Flaschen und leere Konservendosen. Im Korridor riecht es schwach nach Farbe. Eine Wand ist halb gestrichen, weiß, die Farbe ist bereits getrocknet. »Hier wollte sich wohl jemand einnisten«, konstatiere ich gerade, da hören wir leises Gerumpel hinter der Tür, vor der wir gerade stehen. Vorsichtig betätige ich die Klinke und stoße die Tür leise und behutsam auf, bis ich nach knapp zehn Zentimetern auf einen Widerstand treffe — auf einen Eimer mit Farbe, die sich unschön über den Boden ergießt, als Weinstein die Tür mit einem kräftigen Tritt zur Gänze öffnet. Wir atmen auf. Das Gerumpel rührt von dem armen Johannes her, der sich mühselig seiner Banden entledigen will, es ist ihm schon fast gelungen. Wir befreien den blassen, unrasierten jungen Mann endgültig von den Fesseln, lassen ihn kurz verschnaufen und dann berichten: Zwei Kerle hatten ihn neulich auf der Straße

Das alte Haus wirkt drohend und düster und gibt zu bösen Ahnungen Anlaß. Völlig zu Recht.

geschnappt, ihn bislang in irgendeinem feuchten Keller verstaut, ihn heute früh mit dem Wagen zu dem Haus kutschiert und in dieses Zimmer verfrachtet. »Könnten Sie die Burschen identifizieren?« fragt Weinstein. — »Sicher.« — »Hatten die sich hier einquartiert?« Weinstein mustert den Raum, der nur eine Tür und ein Fenster hat, und zeigt auf die Farbeimer, Pinsel und auf die Trittleiter. Johannes zuckt die Achseln. »Keine Ahnung.« — »Ein beachtlicher Coup«, brummt Weinstein. »Zumal Sie das alles ganz allein gemacht haben, oder? Aber dummerweise auch einen kleinen Fehler!«

Welcher Fehler ist gemeint?

Letztes Lebewohl

Fritz Balthasar, Privatdetektiv, hatte Emanuel Kaub in dessen eigenem Auftrag observiert. Kaub war Waffenhändler — ein aalglatter Typ, der nur zwielichtige Geschäfte machte. Ihm brannte der Boden unter den Füßen, denn er verdächtigte mehrere Ganoven aus seinem eigenen Stab, ihn ausschalten zu wollen. Am Nachmittag des 2. Mai um 16 Uhr 20 erklärte Kaub in Balthasars Büro nach einem Gespräch: »... gut, ich werde also sofort verduften — heute noch. Ich nehme den Abendzug nach Paris um 19 Uhr 57. Meine Papiere habe ich dabei; die Piepen sind in der Schweiz. Meinen engsten Mitarbeitern, Toni, Leo und Uli, wird dieser plötzliche Entschluß überraschend kommen — vor fünf Minuten habe ich ja selber nicht mal daran gedacht. Ich muß den Jungens aber noch einige Instruktionen erteilen. Also, Herr Balthasar, Sie beschatten mich, bis ich sicher im Zug sitze. Sie warten im Auto, wenn ich die Burschen einzeln zu Hause aufsuche. In ihren eigenen vier Wänden können die mich ja nicht gut umlegen, falls sie so etwas geplant haben sollten. Ich sage denen, daß ich irgendwann den Flieger nehme.«

Fünf Minuten vor Abfahrt des Zuges fand ein Fahrgast Kaub tot in seinem Abteil. Kommissar Musfeldt zu Weinstein und mir: »Man hat ihn aus nächster Nähe von vorn erschossen, am Einschußloch in der Jacke sind Schmauchspuren festgestellt worden. Eine Waffe fand sich nur in seinem Koffer, der auf dem Sitz neben ihm stand; eine Walther-Pistole, aber eine unbenutzte, lag unter den Hemden mit Kaubs Monogramm.« — Fritz Balthasar: »Abfahrt von meinem Büro gegen 16 Uhr 30, Kaub im Taxi, ich in meinem Wagen hinterher. Erste Station: die Wohnung von Leo; Kaub blieb bis 17 Uhr 23, nahm wieder ein Taxi und fuhr zu Toni, unterwegs ließ er vor einer Telefonzelle halten und telefonierte fünf Minuten lang. Ankunft bei Toni 17 Uhr 45, Abfahrt um 18 Uhr 20; Aufenthalt bei Uli von 18 Uhr 35 bis 19 Uhr. Von dort fuhr Kaub direkt zum Bahnhof und kam um 19 Uhr 20 an. Ich folgte Kaub in gebührendem Abstand in die Bahnhofshalle, aber niemand Verdächtiges ließ sich blicken. Er kaufte die Fahrkarte, eine Zeitung und dann ein Paar Würstchen, die er verzehrte, als er den Zug entlang zu seinem Wagen ging. Der Zug wurde dort eingesetzt. Kaub stieg ein, gab mir vom Gangfenster aus ein Zeichen, daß ich gehen könne, und daraufhin ging ich — um 19 Uhr 32. Es waren kaum Leute auf dem Bahnsteig, und der Zug war so gut wie leer. Im Bahnhofsgebäude wurde mit Preßlufthämmern gearbeitet — der Schuß wird in diesem irren Lärm untergegangen sein.«

Die drei Kumpel des Toten sagen aus: Toni H.: »Der alte Gauner im Zug erschossen? Er war zirka 'ne halbe Stunde

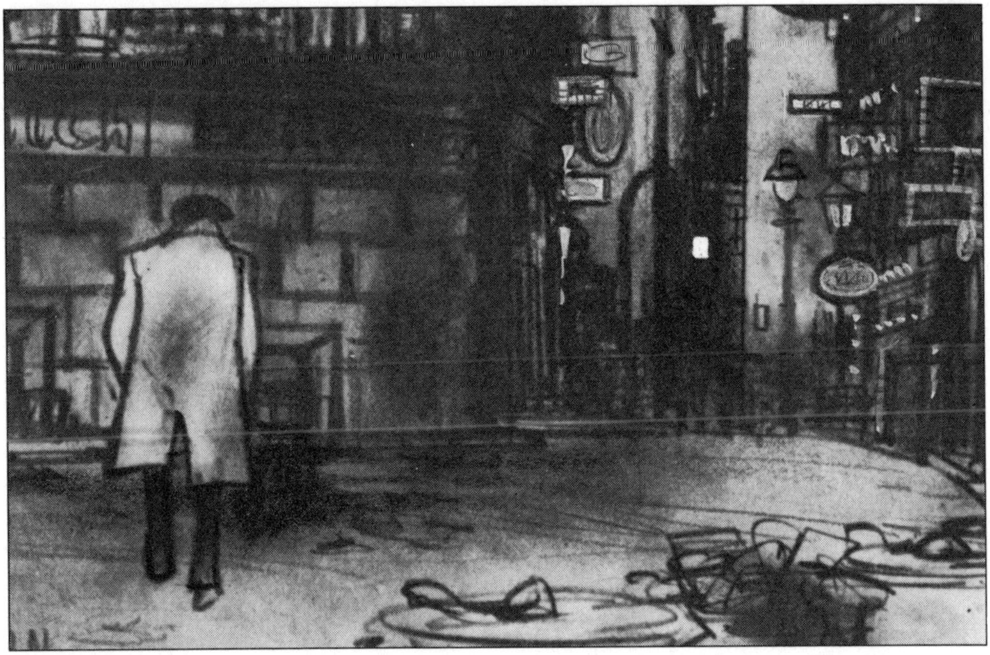

Im Bahnhofsviertel tummelten sich die Verdächtigen. Hier spaziert Uli W. einsam durch die Gassen.

bei mir — Geschäfte, wissen Sie. Zugegeben, ich war kurz vor 20 Uhr im Bahnhof, wollte zur Post. Ich hab' keinen von uns dort gesehen — halt, Moment. Ich hab' dann den Uli in dem nicht gerade anheimelnden Bahnhofsviertel rumspazieren sehen . . .« — Uli W.: »Hat's ihn also erwischt? Das is' 'n Schlag für die Hilde, Emanuels langjährige Verlobte. Für mich weniger. Die Hilde is' der einzige Mensch, dem er vertraut hat. Die beiden lebten zusammen in seinem Penthouse, da durften wir alle aber nie hin. Ach? Sie wissen, daß ich . . .? Man darf doch mal abends spazierengehen, oder?« — Leo S.: »Emanuel erschien kurz vor 5 Uhr und sagte, er wolle für längere Zeit ›Urlaub machen‹. Aus dem Staub machen, meine er wohl, sagte ich. Wir hatten Krach. Er wollte mir nicht genug Geld dalassen, der Verräter. Wo ich zwischen halb acht und 8 Uhr war? In 'nem Pornokino am Bahnhof, wenn's gestattet ist.«

Weinstein fixiert Balthasar und sagt zu Musfeldt: »Nur eine ganz bestimmte Person kann ihn erschossen haben. Ein gewisser Umstand verrät das, nicht wahr, Samson?«

Welche Person, welcher Umstand sind gemeint?

Draußen vor der Tür

Kommissar Musfeldt wirft einen letzten Blick auf die Leiche, bestimmt herrisch, daß sie abtransportiert werden solle, und wendet sich an Weinstein und mich: »Gehen wir auf die Wache und gucken uns den Kerl an.«
Oberwachtmeister Ottens zeigt auf eine Bank. Was da sitzt, ist ein armseliges Geschöpf namens Zilwik, Inhaber eines brüchigen Trödel-, sprich Hehlergeschäftes, vis-à-vis der Stelle, wo eben noch der Tote lag. Weinstein kennt Zilwik von früheren Transaktionen her. »Der Kerl lief mir genau in die Arme«, meldet der Beamte, »und dann fand ich das Opfer mit eingeschlagenem Schädel.« — »Ich wollte gerade den Mord melden«, zetert Zilwik. »Ich war Augenzeuge. Als ich sah, daß man den Wendelin fertiggemacht hatte, lief ich über die Straße, um zu helfen, aber er rührte sich nicht mehr. Ich hab' ihn nur rumgedreht, rannte dann los und stieß auf ihn hier ...« Er zeigt auf den Oberwachtmeister.
»Erzählen Sie uns das alles ausführlich der Reihe nach«, knurrt Musfeldt ihn an. — »Also, ich sitze da an meinem Fenster, draußen is' es dunkel, aber noch nich' so, daß ich nich' immer eine Gestalt drüben an der Ecke rumlungern sehen kann. Dann zündet sich die Figur 'ne Pfeife an, ich erkenn' die Visage und denk', das is' doch der Wendelin, warum lungert der denn da so rum, denk' ich. Als ich mich das noch frage, hält da drüben ein Auto ...« — »Fahrspuren?« fragt Musfeldt. — »Ja, ganz frische«, antwortet der Oberwachtmeister. — »Also«, fährt Zilwik fort, »also, es steigen zwei Typen aus und quatschen mit Wendelin. Und dann sehe ich, wie einer plötzlich in die Tasche greift, irgendwas rausholt und Wendelin einen verpaßt — und dann ab die Post. Den Rest wissen Sie.«
»Was hatte der Tote bei sich?« fragt Musfeldt einen Beamten, der von draußen hereinkommt. Der Mann zückt einen Zettel: »Brieftasche mit 120 Mark in Scheinen, Personalausweis, Notizbuch, drei Rechnungen, Portemonnaie mit 5,80 Mark, drei Zettel mit Telefonnummern und Adressen, einen Stadtplan, ein Taschentuch, zwei Sicherheitsschlüssel, ein Paket Tabak, eine Rolle Pfefferminz, ein altes U-Bahn-Billett, eine Pfeife, die neben ihm auf dem Gehsteig lag, ja und, sehr komisch, eine verwelkte Rosenblüte und einen Damenstrumpf. Das ist alles. Es lag auch sonst nichts außer der Pfeife neben dem Toten.« —
»Haben Sie ihn beklaut?« fragt Musfeldt den Hehler. »Was denken Sie«, keift Zilwik. »Sie können alles sehen, was ich bei mir habe!« — Und weist vor: ein schmuddeliges Taschentuch, eine Brieftasche mit fünfzig Mark, ein Taschenmesser, Schlüssel, Kugelschreiber, Kleingeld und Kaugummi. »Pech, Zilwik«, murmelt Weinstein. »Eine Kleinigkeit bricht dir das Genick.«

Von hier aus hätte Zilwik die Tat besonders gut sehen können, wäre er nicht selber der Mörder.

Welcher Umstand entlarvt Zilwik als Lügner?

Verwandte Bestien

26. Oktober. Zeus Weinstein erhielt ein seltsames Schreiben von dem ihm gut bekannten Professor Rufus Ostzaan, einem Paläontologen, der die erstaunliche Hypothese aufgestellt hat, daß die Dinosaurier sich vor Millionen von Jahren zum menschenähnlichen »Dinosauroid« entwickelt hätten, wären sie nicht vorher urplötzlich ausgestorben. Ostzaan schrieb dem Chef, er möge ihn bitte schnellstens aufsuchen, und legte eine selbstverfertigte schaurig-schöne Zeichnung eines »Dinosauroids« mit einem rätselhaften Vermerk bei.
27. Oktober, 23 Uhr. Ostzaan ist gegen 20 Uhr erschossen worden. Wir erreichten seinen Landsitz um 20 Uhr 15. Als wir vor dem Haus parkten, raste ein Wagen in den Hof, dem ein vor Entsetzen geschüttelter Mann entstieg, Ostzaans Schwager namens Kurt Wrohm. Seine Aussage: »Ich wollte meine Frau Hilde abholen, sie hatte ihren Bruder hier in seinem neuen Haus besucht; ich kannte es noch nicht. Rufus' zweite Schwester Gesa führt ihm den Haushalt. Als ich kurz vor 20 Uhr ankam, sah ich Licht hinter dem Terrassenfenster; ich lief um das Haus herum und schaute von der Terrasse aus ins Zimmer. Die Verandatür war nur angelehnt. Gerade betrat mein Schwager, im Bademantel, den Raum, ging zu den Bücherregalen hinter dem Schreibtisch und suchte einen Roman heraus. In diesem Moment sprang ein maskierter Mann hinter einem Paravent hervor und zückte eine Handfeuerwaffe. Rufus fuhr herum, der Mann schoß, und Rufus brach zusammen. Jetzt erst bemerkte ich Gesa, die wie gelähmt in der Tür stand. Der Mann jagte auf die Verandatür zu, ich sprang beiseite, versteckte mich im Gebüsch und sah den Mann im Park verschwinden; auf der Stelle nahm ich mit meinem Wagen die Verfolgung auf. Vergebens, der Mann hatte einen zu großen Vorsprung und sicherlich irgendwo auf der Landstraße seinen Wagen stehen.«
Die Kugel war Ostzaan mitten durch die Stirn gegangen. Die Damen begrüßten Wrohm schluchzend am Tatort, sie hatten bereits die Polizei angerufen. Der Tote ruhte hinter dem Schreibtisch auf dem Boden, das Buch lag aufgeblättert neben ihm: ein Werk von Daphne du Maurier. Nur die Schreibtischlampe brannte, der Schreibtisch war beladen mit Manuskripten und Nachschlagewerken. Unzählige Folianten füllten die Regale, die alle vier Wände der Bibliothek bis zur Decke einnahmen.
Aussage von Gesa Ostzaan: »Ich war in der Küche, kam durch die Halle und sah Licht in der Bibliothek, die Tür stand halb offen. Ich dachte, Rufus hätte vergessen, die Lampe auszuknipsen. Als ich in das Zimmer guckte, nahm sich Rufus gerade einen Roman aus dem Regal, da brach dieser maskierte Kerl hervor ...« — Hilde Wrohm: »Ich war in meinem Schlafzimmer, im ersten Stock,

Das Bild eines Monstrums, entworfen von einem Fachmann. Und ein prophetischer Vermerk.

als ich den Schuß hörte. Kurz vorher war ich Rufus noch oben im Flur begegnet, und er sagte, er wolle sich einen Roman als Nachtlektüre aus der Bibliothek holen. Mein Gott, er machte noch ein Witzchen.«

Die Polizei traf ein, und der Chef meinte: »Samson, wir können dieses saubere Trio den Beamten gleich mitgeben. Dieser Mord, wer auch immer ihn ausführte, beruht auf einem fast zu präzise ausgeklügelten Komplott.«

Welcher Umstand beweist das?

Alternatives Leben

Wir erhielten von Walter Bopard und »King« Franeker postalisch ein Bildchen mit einer kurzen Notiz: »Haben uns im Grünen zur Ruhe gesetzt und diesen alten Kasten aufgemöbelt. So sah er vorher aus.« Und einen Telefonanschluß hat der Kasten auch. Denn knapp zwei Wochen später rief King uns an. Ob wir etwas läuten gehört hätten, daß man ihm an den Kragen wolle? Ein paar von den alten Kumpels seien bekanntlich nicht gut auf ihn zu sprechen. Wir hatten nichts läuten gehört. Walter und King sind zwei entzückende Figuren aus der Unterwelt. King hatte einmal ehrenwerterweise dazu beigetragen, daß ein Rauschgiftring aufflog.
Einen zweiten Anruf empfängt Weinstein einige Tage darauf. Ich höre mit. »Hier King«, raunt eine heisere, verstörte Stimme. »Ich streiche seit heute mittag ein Zimmer im obersten Stock und warf eben zufällig einen Blick aus dem Fenster — am Rande eines Wäldchens steht 'n großer Wagen, und 'n paar Typen glotzen ständig mit Feldstecher hier zum Haus rüber. Walter ist in der Stadt, und 'ne Waffe hab' ich nicht da. Scheiße, ich glaube . . . ja, jetzt gehen zwei von denen aufs Haus zu . . .« — »Verrammeln Sie alle Eingänge, King!« rät Weinstein. »Rennen Sie nicht ins Freie! Wie lange braucht man bis zu Ihrem Haus? Samson, wie spät ist es?« — Ehe ich antworten kann, flüstert King: »Moment — genau 15 Uhr 32. Sie könnten frühestens gegen 17 Uhr hier sein . . . Mein Gott, die Kerle brechen schon die Haustür auf, ich hör's! Ich schließe mich hier im Zimmer ein und verhalte mich mucksmäuschenstill. Kommen Sie her, Weinstein! Schnell!« King legt auf.
Ich fahre allein. Um 17 Uhr erreiche ich das Haus. Die Eingangstür ist aufgebrochen. Ich trete vorsichtig ein und lausche. Tiefe Stille. Keine Menschenseele ist zu erblicken. Ich schleiche die Treppe hoch, wende mich dem Zimmer zu, von dem aus das Wäldchen zu sehen sein muß. Die Zimmertür ist ebenfalls aufgebrochen; der Schlüssel steckt noch von innen. Mitten im Raum liegt King rücklings auf dem Fußboden. Tot — ein kreisrundes Einschußloch zwischen den Augen. Das Zimmer ist unmöbliert, bis auf einen Küchenstuhl. Nur die nötigen Malutensilien sind noch da: eine Trittleiter, zwei Eimer mit weißer Farbe, Pinsel, eine halbgeleerte Bierflasche, das Telefon, ein Notizbuch mit Adressen und Telefonnummern. Die nackten Wände sind zum Teil frisch gestrichen; die Pinsel sind vor kurzem benutzt worden.
Ich rufe Weinstein an. — »Mehr ist nicht im Zimmer?« fragt er. »Was hat King an, Samson? Und was hat er bei sich?« — »Er hat ein kariertes Hemd, einen blauen Overall und Tennisschuhe an. Eine Sekunde, Chef — also, viel hat er nicht bei sich. Eine Brieftasche mit ein paar Geldscheinen, den Kfz-Papieren,

Ein einsam gelegenes Haus, weitab vom Getriebe der Stadt. Nur der Tod begehrte hier Einlaß.

zwei Briefen und drei Fotos. Ein Taschentuch. Ein Portemonnaie mit Kleingeld. Er trägt ein Halskettchen mit Anhänger und ein silbernes Kettchen mit Namensschild am linken Handgelenk. Das ist alles.« — »Nichts vergessen, Samson?« — »Nichts«, bekräftige ich. — »Was befindet sich auf dem Flur vor dem Zimmer?» — »Eine nackte Glühbirne, die von der Decke baumelt, mehr nicht. Das Haus ist nur im Parterre notdürftig möbliert.« — »Wo steckt Walter Bopard?« — »Wohl noch in der Stadt, Chef — halt, ich höre einen Wagen vorfahren. Ich hoffe, daß es nicht die Killer sind ...« — »Es wird ein Killer sein, nämlich Bopard. Samson! Tun Sie so, als seien Sie auf die Räuberpistole reingefallen, die er uns vorhin am Telefon mit verstellter Stimme aufgetischt hat, um den Verdacht von sich abzulenken. Anzunehmen, daß zu dieser Zeit sein Freund King bereits tot war.« — »Bopard?« frage ich beklommen. — »Keiner kommt sonst in Frage, Samson. Ein unbekannter Rächer hätte uns wohl kaum unter dem Namen King angeklingelt. Ein interessanter Umstand beweist, daß es King ganz bestimmt nicht gewesen sein kann.«

Welchen Umstand meint Weinstein?

Ein Agent im Training

(Vogelgezwitscher)
Samson: Es ist 13 Uhr 10. Ein Mittwochmittag wie jeder andere. Ich öffne die Gitterpforte, lasse meinem Herrn und Meister geziemend den Vortritt, schließe sie wieder und blicke zu dem supermodernen Bungalow hinauf, der am Ende der langen, ansteigenden Auffahrt inmitten von Zwergkiefern und exotischen Ziersträuchern liegt.
(In einiger Entfernung Gemurmel und Gebrummel)
»Was sagten Sie, Samson?« fragt mich Zeus Weinstein über die Schulter, aber die unartikulierten Sprachlaute, die unvermittelt an unsere Ohren dringen, erschallen hinter einem dichten Rhododendronbusch; dazu werden klappernde und klirrende Geräusche vernehmbar. Der Rhododendronbusch wächst unmittelbar am Weg und verdeckt fast zur Gänze den kleinen, steinernen Verschlag, der die Mülltonnen birgt. Und just an denen macht sich ein Individuum zu schaffen, das, seinem zweifelhaften Aussehen nach zu urteilen, weder zum lebenden Inventar des prächtigen Bungalows noch zu den wackeren Männern von der Müllabfuhr gehört.
Das Individuum, eingehüllt in einen schmutzigbraunen, abgerissenen und viel zu langen Mantel, wendet uns den Rücken zu und hält eine Champagnerflasche in die Höhe — offensichtlich bemüht, das Etikett zu studieren. Nun ja, manche Epikureer sparen an der Kleidung.
Das Brummeln des Individuums erhält jetzt einen Beiklang der Unzufriedenheit; unmißverständliche Kritik an dem vorgefundenen Angebot wird deutlich.
(Scheppern und Klirren)
Heinrich: *(undeutlich brummelnd)* . . . nö, nö, wat is' denn diss bloß für 'n ausländisches Zeug? Nö, nö, wat de allens so süffeln . . . sie-

ben, acht, neun ganze Buddeln von dem Zeugs. Un' hier, das is' wohl 'n Wodka, na, endlich mal was Reelles — un' leer is' das Scheißding ooch noch ... *(Er wühlt und kramt, Papierrascheln wird hörbar.)* ... un' diss hier? — stinkt ja gemein. Is 'n Hummer, nee, zwei Riesenhummer — die Leute leben ... un' sonst ... Blechbüchsen, Blechbüchsen, Blechbüchsen und der übliche Schiet ... nee, nee, nischt Anständiges dabei heut mittag ...
Samson: Das Individuum richtet sich resigniert auf und dreht sich um. Weinstein und ich setzen uns in Bewegung, Richtung Bungalow.
Heinrich: Heh — hoppla, man nich' so schnell die Herren. Sie wohn' doch da nich', oder? Da muß ich mich doch stark irren sonst — da wohnt doch so 'ne alleinstehende, auf jugendlich getrimmte Dame, nich'? — Hab'n Sie freundlicherweise 'ne Zigarette bei sich?
Samson: Die kleinen, listigen Schweinsäuglein des Individuums wandern flink zwischen Weinstein und mir hin und her. Der zahnlose, von weißen Bartstoppeln umkränzte Mund spitzt sich genießerisch, als ich eine Packung Zigaretten aus der Tasche ziehe; fünf Stück sind noch drin — ich vermache sie ihm. Das Individuum tippt an seine karierte englische Sportmütze, die in ihrer Blütezeit höchstwahrscheinlich alle bedeutenden Golfplätze und bei ihrem Niedergang bestimmt alle bedeutenden Mülldeponien des Landes geschen hat, und blökt:
Heinrich: Schönen Dank auch, Chef. Ich begleit' Sie man bis rauf nach oben, mal sehn, ob die da was zu lesen hab'n für mich — 'nen alten »Spiegel« oder so; ich les' aber meist den Kulturteil.
Samson: Weinstein meint süffisant, jetzt wisse er wenigstens, *wer* den lesen würde, und heftet seinen Blick auf die zerfledderten »Perry-Rhodan«-Hefte, die aus der abgewetzten Manteltasche des Individuums ragen.
Heinrich: Heinrich is' mein Name ...
Samson: Donnerwetter, der Chef nennt in höflicher Erwiderung den seinigen und zieht den Hut. Ich reagiere eher reserviert. So schlen-

dern wir alle drei einträchtig den Weg zum Bungalow hinauf. Ich läute an der Haustür . . .

. . . die zweieinhalb Sekunden später mit einem heftigen Ruck aufgerissen wird. Ein junger und übertrieben modisch gekleideter Mann — overdressed, nicht nur im Vergleich mit Heinrichs betont schlichter Ausstattung — schwenkt ungeduldig seinen Arm.

Uwe Merz: Grüß Sie, Herr Weinstein! Tag, Herr Samson! Kommen Sie, kommen Sie! Wir warten schon. Herein mit . . . Heh! Moment mal — wer sind *Sie* denn? . . . Was wollen *Sie* denn hier . . .?

Heinrich: *(trocken)* Heinrich is' mein Name.

Uwe Merz: Ja, und? Halt, stopp — Sie kommen mir nicht ins Haus — was denken Sie sich überhaupt? Einen Augenblick mal — einen Augenblick. *Sie* hab' ich doch schon des öfteren vor der Gartenpforte herumstreichen sehen — ja, natürlich! Natürlich! — Mann, Weinstein! Haben Sie den Dieb bereits geschnappt? Aber . . . nee, das ist doch unmöglich! Wie, um alles in der Welt, hat er es bewerkstelligt, ins Haus einzudringen? Und wann?

Samson: Unser Klient, Herr Uwe Merz, und unsere frisch angeknüpfte Bekanntschaft namens Heinrich messen einander mit den Augen. Jeder der beiden — und das ist klar ersichtlich — moniert in Gedanken die Garderobe des anderen. Weinstein erklärt doppelsinnig, unser überraschender Begleiter sei ein »guter, alter Kumpel«, was ja keineswegs der Unwahrheit entsprechen muß — und der Herr Merz nimmt prompt an, einen raffiniert getarnten Kollegen von uns vor sich zu sehen.

Uwe Merz: Pardon, Herr Heinrich. Eine scharfe Maske, wirklich. Treten Sie ein, treten Sie ein.

Samson: Herr Heinrich läßt sich nicht lange nötigen. Er nimmt in dem exquisit gestylten Wohnzimmer würdevoll auf einem schneeweißen Polstermöbel Platz.

Uwe Merz: Sherry, Scotch, Bourbon oder sonst irgendwas, die Herren? Kaffee, Orangensaft?

Samson: Heinrich wähnt sich im Paradies. Sein eh stetig geröteter Zinken erglüht tiefrot in dem köstlichen Vorgefühl kommender Genüsse. Seine Äuglein beluchsen Weinstein und mich — wir nehmen Sherry.
Heinrich: Tja — nehm' ich auch gern. Bin so frei.
Samson: Das geringe Volumen des Gläschens irritiert Heinrich verständlicherweise. Ein vorsichtiges Nippen, ein prüfendes Schmatzen, dann kippt Heinrich kurzentschlossen den Rest des Sherrys hinterher.
Heinrich: *(schmatzt)* Tja — ischa ganz or'ntlich —, aber ha'm Sie anstatt von das hier vielleicht 'nen anständigen Klaren im Haus? Oder 'nen roten Aufgesetzten zufällig? Und 'n Bier?
Uwe Merz: Eine Klasse-Schau, Herr Heinrich. Sie sind von einem echten Penner durch nichts zu unterscheiden — allein der Geruch! Umwerfend! Darf es ein Cognac sein? Ja, äh, sagen Sie mal, warum überwachen Sie eigentlich seit Tagen dieses Haus? Sie haben sich in diesem Aufzug doch schon ein paarmal recht überzeugend an den Ascheimern zu schaffen gemacht — ich versteh' das nicht, Herr Weinstein, hat Ihnen Frau Schönebeck aus irgendwelchen Gründen einen Auftrag erteilt?
Samson: Heinrich linst beklommen zu Weinstein hinüber. Der beteuert gleichmütig, daß der pure Zufall unseren Anlernling in dieses Viertel verschlagen hätte, im Laufe seiner Schulung nämlich. Das momentane Training verlange von ihm, sich in seiner ungewohnten Rolle glaubwürdig und lebensnah durch die feinen Wohngegenden der Stadt zu bewegen . . ., »nicht wahr, Herr von Kronenfels?« fügt Weinstein hinzu.
Heinrich: Heinrich is' mein Name . . .
Samson: . . . unterstreicht unser Eleve unerschütterlich seine glaubwürdige Verkörperung und beschnuppert genüßlich seinen Cognac.
Uwe Merz: Dann bleiben wir beim Heinrich, Herr von Kronenfels, und üben Sie hier ruhig weiter. — So. Ich schau' mal eben nach, wo

die Eva steckt — wir müssen leider diese peinliche Affäre so schnell wie möglich hinter uns bringen.
Samson: Wie aufs Stichwort trottet die Genannte ins Zimmer. Sie trägt einen weißen Hosenanzug aus Seidenleinen und ein quergestreiftes T-Shirt. Ihr schwarzes Haar klebt fest zurückgekämmt am Kopf, bis auf eine pomadig glänzende Tolle, die seitlich absteht und rhythmisch auf und ab wippt. Wir erheben uns. Sie wirft sich in einen Sessel, entnimmt einem weißen Alabasterkästchen eine Zigarette und zündet sie sich mit unvergleichbarer Lässigkeit an. Ihre schwarzumrandeten Augen schweifen in die Runde und bleiben an der rahmensprengenden Erscheinung Heinrichs haften.
Heinrich: Heinrich is' mein Name . . .
Eva: Mann — wo lassen Sie arbeiten? Was ist denn das für ein heißer Typ, Uwe? Hab' ich den nicht schon mal irgendwo gesehen? Aber Herrschaften — setzen Sie sich. Wir sind hier nicht in der Tanzstunde. Ach so, Uwe — Gisela hat sich im Schlafzimmer eingeschlossen und will mit niemandem sprechen.
Uwe Merz: Von mir aus — mir soll's recht sein. — Eva, das ist Herr Weinstein, und das ist seine rechte Hand, Herr Samson; das ist, äh — das ist der Heinrich alias Herr von Kronenfels, ein zünftiger Geheimagent in spe. Meine Herren, Eva Homberg, meine Freundin, wird ebenso verdächtigt, den Schmuck geklaut zu haben, wie ich . . . bedienen Sie sich, bedienen Sie sich, Heinrich, das Feuerzeug steht dort neben der Vase. Also, Herr Weinstein — ich wiederhole etwas ausführlicher, was ich Ihnen vorhin kurz am Telefon geschildert habe. Also — Sie wissen ja, was damals mit mir los war, Herr Weinstein, und ich hab' immerhin einige Jährchen gebrummt wegen Diebstahls, Hehlerei und Kautionsbetrugs — aber ich dreh' keine krummen Dinger mehr, das schwöre ich Ihnen . . .
Eva: Er hat einen prima Job in der Autobranche. Warum sollte er Frau Schönebeck diesen verdammten Saphir wegpraktizieren, eh? Ausgerechnet Gisela Schönebeck, mit der Uwe mal dicke liiert war.

Vor Jahren und Jahrenden allerdings, da ging ich noch in den Kindergarten. Die Alte spinnt doch. Erst lädt sie uns großkotzig ein, hier bei ihr zu wohnen — 14 Tage lang —, dann besäuft sie sich, spielt verrückt und fängt an, nach den Bullen zu kreischen — die spinnt, ehrlich. Ich hätte der liebend gerne eine gescheuert, wenn das nicht zu gefährlich für den Uwe gewesen wäre — die hatte ja schon die Hand am Telefonhörer, um die Polizei anzurufen. Gott sei Dank kam Uwe auf die Idee, Sie um Hilfe zu bitten — Sie kennen ihn ja noch von früher, Herr Weinstein . . .

Heinrich: Prost, Frolleinchen — nehmen Sie's nicht so schwer, allens halb so schlimm . . .

Uwe Merz: Entschuldige Eva, daß ich unterbreche — aber nun mal der Reihe nach. Also, Gisela — Frau Schönebeck — gab gestern abend zu Ehren eines ihr befreundeten Ehepaares — ein Dr. Mayerbier und Frau, er ist Tierarzt, glaube ich — ein Hummeressen mit allem Drum und Dran. Der Abend verlief, na ja, ausgesprochen feuchtfröhlich. Gegen 2 Uhr in der Früh waren wir alle fünf sturzbetrunken — ich erinnere mich schwach, daß die Mayerbiers sich erst ein Taxi bestellten, als bereits der Morgen graute. Und ich erinnere mich schwach, daß Eva und ich mit vereinten Kräften Gisela ins Fremdenzimmer transportierten — denn wir wären kaum noch in der Lage gewesen, sie die Treppe in ihr Schlafzimmer im ersten Stock hochzuschleppen. Das Fremdenzimmer liegt hier unten im Parterre, gleich neben der Küche . . .

Eva: Dann packten wir sie aufs Bett, ich streifte ihr die Schuhe ab und wollte ihr das Kleid ausziehen . . .

Uwe Merz: Richtig — das gelang dir nicht mehr so ganz, oder wie war das? Aber an eines erinnern Eva und ich uns ganz genau: daß Gisela besagten Halsschmuck noch trug — einen irrsinnig wertvollen Halsschmuck, mit einem selten schönen gefaßten Saphir als Anhänger. Ein tolles Stück . . .

Eva: . . . und darauf torkelten wir nach oben in die Heia und schlie-

fen wie die Toten — bis uns Giselas hysterisches Geschrei aus den Federn jagte.
Uwe Merz: Tja — das war am Mittag, so um 12 Uhr.
Eva: Mann o Mann, führte die sich auf . . . wie 'ne leibhaftige Furie — es dauerte ein Weilchen, bis wir mit unseren Brummschädeln langsam kapierten, warum die so total ausgeflippt war . . .
Uwe Merz: Kurzum — das gute Stück war futsch. Einbruch steht nicht zur Debatte. Und Mayerbiers konnten es schließlich nicht gestohlen haben — wenn man, alles in allem, diese absurde Idee in Erwägung zieht —, denn wir, Eva und ich, hatten den Schmuck als letzte gesehen. Gisela behauptete steif und fest, ohne ihn aufgewacht zu sein . . .
Eva: Sie genierte sich nicht, unsere Sachen durchzuwühlen . . .
Uwe Merz: Unsere Sachen, unser Schlafzimmer; sie guckte in alle vorhandenen Schubladen, unter Schränke und Kommoden, unter den Teppich, unters Bett, sogar in den Wasserkasten vom Klo; sie stöberte in sämtlichen Ecken und Winkeln, kehrte das Unterste zuoberst. Der Schmuck blieb verschwunden. Ich vermute zu Giselas Gunsten, daß sie ihn in ihrem Dusel beim Aufstehen irgendwie verkramt hat. Die ganze Chose ist mir rätselhaft.
Eva: Irgendwie verkramt, irgendwie verkramt — einen Dreck hat sie! Uwe! Glaub mir! Dieses kaputte Weib versucht dich reinzulegen. Die versucht 'ne ganz linke Tour. Die will dir an den Kragen. Aus Eifersucht oder weiß der Teufel, aus welchen Motiven. Die Alte dreht durch, sag' ich dir — saufen tut sie sowieso wie verrückt. — Herr Weinstein, Ehrenwort, wir haben diesen Scheißschmuck nicht.
Heinrich: *(singt im Hintergrund)* Ach wie so trügerisch sind Weiberherzen . . .
Samson: Weinstein ruft seinen Anlernling zur Ordnung und legt Herrn Merz dar, daß seine — Weinsteins — Funktion als rettender Engel durch verschiedene Umstände beeinträchtigt würde: Er könne — und dürfe — das Haus nicht durchsuchen, abgesehen da-

von, daß eine solche Aktion vollkommen aussichtslos sei. Hätte Frau Schönebeck den Halsschmuck versteckt, dann hätte sie ihn bestens versteckt. Und — Pardon — hätte Uwe Merz ihn versteckt, dann hätte er ihn ebenfalls bestens versteckt — im Haus, im Garten, sonstwo —, ideale Plätze für dieses Vorhaben fänden sich überall. Sollte er — Weinstein — unbefugt das Haus auf den Kopf stellen? Höchstpersönlich die Dielen herausreißen oder eigenhändig den Garten umgraben? — Der Chef breitet entmutigt die Arme aus.
Uwe Merz: Eva und ich haben heute noch keinen Schritt vor die Tür gesetzt.
Eva: Wir haben uns vor 'ner halben Stunde erst richtig angezogen, kurz bevor Sie klingelten. Die Gisela war auch nicht draußen. Die ist, wie sie bekanntgab, gegen halb zwölf aufgestanden, vermißte auf der Stelle ihr Geschmeide, tobte bis eben durchs Haus und brütet jetzt in ihrem Schlafzimmer vor sich hin. Aber nicht mehr lange, befürchte ich. Diese, diese — Person hat doch Uwe eine Frist gesetzt — jawohl, die hat sich nicht entblödet, Uwe »großzügig eine Frist zu gewähren« — mit der unverblümten Drohung, die Sache an die große Glocke zu hängen, wenn Sie, Herr Weinstein, die Angelegenheit nicht schnellstens aufklären . . .
Samson: Weinstein sieht sich ratlos im Zimmer um — plötzlich erhellen sich seine Gesichtszüge. Er wünscht, die im Parterre befindlichen Räumlichkeiten — inklusive Küche, Fremdenzimmer und so weiter — zu besichtigen; besichtigt sie und reibt sich zufrieden die Hände. Heinrich verblieb derweil im Wohnzimmer und nutzte die Gelegenheit, gewissenhaft die diversen Spirituosen zu testen — wie seine Gesichtsfarbe zeigt, als wir von der Inspektion zurückkommen. Ja, auch er strahlt Zufriedenheit aus. Weinstein schüttelt leicht konsterniert sein Haupt — über seine eigene anfängliche Begriffsstutzigkeit, wie er gesteht, doch in gleichem Maß über die lange Leitung und das schlechte Gedächtnis der beiden Hausgäste der Bestohlenen — nun ja, der erste Schreck und der Kater!

Weinstein fügt mahnend hinzu, daß der Verdacht, den er für eine bestimmte Person hege, lediglich ein Verdacht sei — trotzdem müsse man diese Person gründlich ins Gebet nehmen. Hätte sie ein einwandfreies Alibi, was ihm — Weinstein — recht zweifelhaft erscheine, dann freilich sei guter Rat teuer. Weinstein beschließt seine rätselhaften Ausführungen mit einem gewichtigen Räuspern. Das verdatterte Pärchen zermartert sich die verkaterten Köpfe. Heinrich — weidlich stimulierter — ergreift sein Glas und das Wort.

Heinrich: Hö, hö — ich weiß Bescheid — ich weiß schon, wen Sie auf'm Kieker ha'm, Herr Doktor, ich weiß schon. Den Seinen nimmt's der Herr im Schlaf — oder, will mal so sagen — die be . . . schtimmte Person nimmt's. Hö, hö. Is' doch so, nich? Muscha sonst 'ne or'ntliche Person sein — aber 'n klein büschen überor'ntlich, wenn Sie mich fragen, nich'? Fin'n Sie nich' auch? Aber nu' mal Flachs beiseite. Also, was ich bin, ich würd' mein' Schmuck ja nich' an mei'm Körper dranlassen, wenn ich voll bin. — Aber nix für ungut, die Herrschaften. Wohlsein!

Eva: Sagen Sie mal, mein Bester — wer und was sind Sie eigentlich?

Uwe Merz: Eva! Hast du vorhin nicht zugehört? Das ist Herr von Kronenfels. Ein Spitzen-V-Mann. Der hat Zukunft.

Samson: Der Spitzen-V-Mann mit Zukunft grapscht sich gerade eine Handvoll Zigaretten aus dem Alabasterkästchen, verstaut sie sorgsam in der Brusttasche seiner speckigen Jacke und hievt sich ächzend von der Couch.

Heinrich: Na, dann wüllt wie mal . . .

Samson: Wir brechen auf. Weinstein verspricht, sich die »bestimmte Person« vorzuknöpfen. Und nun frage ich Sie: Welche Person hat Weinstein »auf dem Kieker«? Welche Person hat eine markante Spur ihrer Tätigkeit hinterlassen, wenn man voraussetzt, daß die Aussagen der Hausinsassen der Wahrheit entsprechen?

. . . nun?

Der stumme Diener

Samson: Es ist 18 Uhr 30. Ich hocke bereits geschlagene zweieinhalb Stunden oder länger in einem Salon, dessen üppige Ausstattung die gelungene Kopie eines Harems sein muß.
(Klaviermusik)
Nebenan, im Wintergarten, absolviert der weltberühmte Konzertpianist Apoll Rubinson seine Etüden auf dem Flügel. Für meinen Geschmack schon etwas zu lange. Erstens, weil ich unmusikalisch bin, zweitens, weil mein Aufenthalt rein geschäftlicher Natur ist.
Das kam so. Heute morgen setzte sich der größte aller Virtuosen mit dem größten aller Kriminalisten fernmündlich in Verbindung und bat Zeus Weinstein — kein anderer als er verdient diese Bezeichnung —, die Güte zu besitzen, gegen 16 Uhr, bitte, bitte, vorbeizuschauen. Mein Chef jedoch geruhte in weiser Voraussicht, erst einmal seinen Meldegänger Saul Samson, also mich, in die vorderste Linie zu entsenden. Und deshalb lagere ich nun eine halbe Ewigkeit vor der Tür zum Allerheiligsten und warte auf das Erscheinen des Meisters.
Ich fummele den zerknüllten Zettel wieder auseinander, der mir bei meiner Ankunft im Sultanspalast von dem Diener in die Hand gedrückt worden war. Ich rücke die Brille zurecht und lasse mein Auge ein zweites Mal über die wenigen Zeilen schweifen, die da lauten: »Guten Tag, Herr Weinstein. Herr Rubinson übt noch im Wintergarten, wird aber seine Arbeit sogleich beendet haben. Bitte nehmen Sie Platz.« Leicht verdutzt hatte ich diese Begrüßung zur Kenntnis genommen und dem dienstbaren Geist bedeutet, wer ich bin — der Stellvertreter von Herrn Weinstein nämlich. Prompt wurde mir eine handgeschriebene Antwort zuteil, recht lakonisch aus zwei Wörtchen bestehend: »Ach so!«
Mir gegenüber, in einer Ecke des Serails, steht ein kleiner Servierwa-

gen. Er ist bestückt mit funkelnden Flaschen und Gläsern, einem Mixbecher und einem Eisbehälter und sonst noch allerlei Gerät.
Bei meinem Eintreffen am Nachmittag war der stumme Diener gerade dabeigewesen, einen köstlichen Bourbon on the rocks zuzubereiten. Er hatte aber die Erfrischung zu meiner Enttäuschung nach nebenan in den Wintergarten getragen, ohne höflichkeitshalber auch nach meinen Wünschen zu fragen. Den Domestiken heutzutage fehlt eben der feine Schliff.
Der Diener läßt sich endlich wieder blicken. Ich fordere, entweder jetzt oder gar nicht mehr, Apoll Rubinson zu sprechen.
Der Diener zieht den Block hervor und schreibt. Ich entziffere:
»Pardon! Gewöhnlich beendet der gnädige Herr gegen 16 Uhr seine Übungen. Täglich um 16 Uhr serviere ich auch pünktlich den Drink. Doch übermorgen findet sein Konzert statt. Der gnädige Herr wird alles um sich herum vergessen haben.«
Ich erhebe mich, verlange Hut und Mantel, da bricht der Klaviervortrag im Nebenraum jäh ab. Wir lauschen in die plötzliche Stille.
(Klaviermusik bricht ab, dumpfer Fall, Tür wird aufgerissen.)
Dann hören wir einen dumpfen Fall. Wir reißen die Tür auf, und folgendes Bild bietet sich mir: Der Flügel steht mitten im Raum, aber es sieht aus, als stünde er im Dschungel. Eine grüne Wildnis von exotischen Pflanzen und Gewächsen umwuchert ihn förmlich. Ein Schwall feuchtwarmer Treibhausluft schlägt mir entgegen.
Der Meister liegt am Boden. Sein Gesicht ist seltsam verzerrt. Der Diener beugt sich über ihn, stumm vor Entsetzen richtet er sich wieder auf und kritzelt hastig die Telefonnummer des Hausarztes auf seinen Block. Ich galoppiere in die Halle und rufe den Arzt und danach Zeus Weinstein an. Beide sind in Rekordzeit zur Stelle. Der Doktor konstatiert Herzversagen. Kein Wunder — bei der Affenhitze! Weinstein läßt sich den Verlauf des Nachmittags schildern. Da gibt es nicht viel zu schildern, ich habe ihn draußen vor der Tür verbracht. Weinstein will wissen, ob der Bedienstete nur einmal, also

um 16 Uhr, den Wintergarten betreten hat. Ich nicke. Und dann erst wieder mit mir zusammen? So ist es. Einen zweiten Zugang zum Tropenparadies gibt es nicht. Ich wische mir den Schweiß von der Stirn. Jetzt einen Drink! Auf dem Flügel sehe ich das Glas mit dem Bourbon. Es ist noch fast voll. Weinstein folgt meinem sehnsüchtigen Blick und greift nach dem Glas.
(Eiswürfel klirren im Glas.)
Er schnuppert an dem Getränk und flüstert mit dem Arzt. Der Arzt guckt erstaunt und wiegt den Kopf.
Weinstein beauftragt mich beiläufig, die Polizei zu alarmieren. Noch beiläufiger erwähnt er, daß seiner unmaßgeblichen Meinung nach der große Rubinson vergiftet worden sei.
Der Diener erbleicht. Seine zitternde Hand wirft etwas aufs Papier.
(Zettel wird abgerissen.)
Er reißt den Zettel ab, und wir lesen:
»Der Herr hier hat die ganze Zeit nebenan gewartet. Ich war zuletzt um 16 Uhr im Wintergarten. Wer hätte den gnädigen Herrn vergiften können — und womit?«
Wortlos fixiert Zeus Weinstein den stummen Diener. Dann sagt er mit schneidender Stimme: »Sie, mein Bester . . . Sie waren es!«
Der nunmehr grünliche Diener macht eine abwehrende Bewegung und zückt den Bleistift. Weinstein bellt: »Halten Sie den Mund! Sie haben Gift in den Whisky getan! Das wird die Autopsie eindeutig beweisen!« Weinstein nimmt einen kräftigen Schluck aus dem Glas. Ich erstarre! Was soll das denn, frage ich mich, ich denke . . .? Mein tollkühner Chef fährt fort: »Sie haben einen Fehler gemacht, Mann, als Sie die einzige sich bietende Gelegenheit nutzten, um rasch die Spuren zu beseitigen! Jawohl! Einen blödsinnigen Fehler haben Sie gemacht!« donnert Weinstein. Wozu eigentlich? Der Diener ist nicht taub, sondern stumm!

Was hatte der Diener getan, und welchen Fehler beging er?

Die Bombe tickt

Mittwoch, 10 Uhr morgens. Es gießt. Wir steigen müde aus dem Wagen (wir sind die ganze Nacht durchgefahren) und rennen den kurzen Weg durch den Garten zur Haustür. Sie steht offen. Im Hausflur nehme ich die Post aus dem Briefkasten. Weinstein schließt derweil die Tür zu unseren Büroräumen auf (bestens gesichert, mehrere Schlösse), und wir treten ein. Die Luft ist stickig — kein Wunder, wir sind sechs Tage unterwegs gewesen. Frau Kumichel, unser dienstbarer Geist, darf während unserer Abwesenheit die Büroräume nicht betreten. Weinstein seufzt schwer und hängt seinen nassen Mantel an den Haken in der Diele. Ich bücke mich, um weitere Prospekte und Broschüren, die durch den Briefschlitz geworfen worden sind, vom Boden aufzulesen. »Was dabei, Samson?« fragt Weinstein und nimmt die Morgenzeitung von der Kommode. Ich schüttele den Kopf.

Weinstein öffnet das Fenster seines Arbeitszimmers (ebenfalls wie alle Fenster und Türen vorschriftsmäßig gesichert) und schnauzt mich mit Recht an, weil ich bei der Abfahrt vergessen hatte, die Alarmanlagen anzustellen. Weinstein ist brummig. Seit drei Wochen jagen wir im Auftrag einer Versicherungsgesellschaft hinter einer gefährlichen Bande her, die schier alles betreibt: Rauschgifthandel, Waffenschmuggel, Mord auf Bestellung, Diebstahl und Hehlerei. Unser weiblicher V-Mann (Deckname Hugo) setzte uns zwar mehrmals rechtzeitig auf die Fährte, aber jedesmal kamen wir zu spät — so auch in den letzten Tagen. Wir stießen weder auf die gestohlenen Kunstschätze noch auf die Gangster. Die Beute sollte angeblich in einer bestimmten Mülldeponie lagern — wir sehen aus wie die Schweine! Ich sage: »Ich habe irgendwie das dunkle Gefühl, die Burschen sind uns dichter auf den Fersen als wir ihnen.« Weinstein mustert den Raum, seinen Schreibtisch, prüft das Safeschloß und nickt. »Ich auch, Samson. Und mein sechster Sinn sagt mir, daß sie hier in der Wohnung waren.«

Wir untersuchen alle Räume. Zwei Glühbirnen sind ausgebrannt, eine im Klo und eine im Archiv — wohl kaum das verräterische Werk von Eindringlingen. Alles ist — oder scheint — in bester Ordnung. Keine Fußspuren, keine Spuren von Gewaltanwendung an Schlössern und Riegeln. Ein aufgeschlagenes Buch auf Weinsteins Schreibtisch irritiert den Chef: ». . . kann sein, daß ich's da so liegengelassen habe.«

Ich gehe in die Küche, um Kaffee zu kochen. Weinstein folgt und schlägt in der Zeitung die Seite mit den Kleinanzeigen auf; jeden Mittwoch informiert uns »Hugo« verschlüsselt unter »Verschiedenes«. — »Mein Gott, Samson«, brüllt Weinstein. »Hören Sie: ›Suche nach Wauwi sofort aufgeben! Hat Tollwut und beißt. Lebensgefahr! Hugo.‹«

Ein dezenter Wink: So kann es einem ergehen, wenn man nach Hause kommt und nicht aufpaßt.

Ich öffne den Eisschrank, um die Kaffeesahne herauszunehmen, und pralle zurück. An einem Marmeladenglas lehnt ein postkartengroßes Bildchen, das eine gewaltige Bombenexplosion zeigt. Auf der Rückseite steht zu lesen: »Erste und letzte Warnung! Laßt das Schnüffeln, sonst passiert euch das gleiche!« Weinstein rast: »Ich Idiot, Samson! Ich hätte, weiß Gott, eher darauf kommen müssen, daß jemand in unserem Etablissement war.«

Was hätte Weinstein darauf bringen müssen?

Ein starker Auftritt

Der Zirkus »Scherzando« ist ein kleiner, unbekannter Zirkus, der auf einem ziemlich trostlosen Fabrikgelände steht. Kommissar Musfeldt, Zeus Weinstein und ich sitzen in einem Wohnwagen dem Clown Pompom gegenüber. Pompom murmelt zum hunderstenmal: »Ich war's nicht.«
Musfeldt blättert kaltlächelnd in seinem Notizbuch. »Der Wirt der Kneipe, in der Sie waren, sagte aus: ›Gegen 23 Uhr saßen nur zwei Stammgäste bei mir am Tresen. Dann kamen vier Männer rein, setzten sich an den Tisch neben dem Spielautomaten und bestellten vier Halbe und zwei Apfelkorn. Ich hielt die Leute für einfache Geschäftsleute auf der Sause, die sich hierher verirrt hatten. Das Vergnügungsviertel ist ja nicht weit. Um 23 Uhr 35 stand einer von ihnen auf, ich guckte gerade zufällig zur Uhr, und verließ das Lokal. Dabei stolperte er über die Türschwelle. Einer seiner Kumpel sagte: »Auch nach Feierabend immer noch der Clown.«‹ Das war alles, Weinstein.« Musfeldt blättert ein paar Seiten weiter und fährt fort: »Kurz vor Mitternacht stürmte eine nachweislich unbescholtene Matrone in die nahe Polizeiwache und gab keuchend zu Protokoll: ›Kurz vor zwölf komme ich durch die Holztwiete, da liegt doch plötzlich so 'n Kerl mitten auf dem Weg und stöhnt und is' voller Blut im Gesicht, und ich beuge mich runter, und der stammelt: »Der Clown war's, der Clown . . .« und verdreht dann die Augen und sieht ganz tot aus.‹« — Musfeldt belehrt uns: »Die Holztwiete ist eine enge Passage zwischen hohen Fabrikmauern, die der Kneipe gegenüberliegt und direkt bis hierher zum Zirkusgelände führt. Um 23 Uhr 30 hat dort ein Beamter ein paar Jugendliche beobachtet, die an der Ecke zu dieser Passage herumlungerten. Die hätten unbedingt was sehen müssen, wenn der Mann zu der Zeit oder vorher angegriffen worden wäre, denn die Bande saß 'ne gute Stunde da; etwas nach 23 Uhr 30 zog sie ab. Wie gesagt, die nicht allzulange Passage mündet direkt auf den Platz, wo der Zirkus steht. Um 23 Uhr 55 tauchte der Clown zwischen den Wohnwagen auf und traf auf den Jongleur Edward, der im Freien eine Zigarette rauchte; von ihm haben wir die Zeitangabe.« — »Ich bin durch eine Nebenstraße gegangen«, jammert Pompom. Musfeldt winkt ab. »Die Beamten kümmerten sich um den Toten, und ein Mann ging unverzüglich in die Kneipe und notierte zuallererst die Aussage des Wirts. Die drei Kollegen des Verdächtigen saßen noch da: der Zauberer Merlini, der Kunstreiter Fernando, der Bodenakrobat Mario. Diese drei identifizierten wenig später den mit einem schweren Stein Niedergeschlagenen anfangs als Robert, den Dompteur. Doch in Wirklichkeit war's dessen Zwillingsbruder, der, seit Jahren zum erstenmal in Deutschland, gerade in der Stadt

Weinstein vor einem Plakat von Pompom. Steckt in diesem dummen August ein eiskalter Killer?

eingetroffen war. Er hatte sich beim Direktor nach Robert erkundigt, und der Direktor hatte gedacht, der sei in der Kneipe mit den anderen — und ihm den Weg beschrieben. Aber Robert war zufällig im Puff.« — »Einwandfreies Alibi?« fragt Weinstein. Musfeldt nickt. »Eine tragische Verwechslung, Weinstein. Robert schien reichlich Feinde zu haben, und Pompom hat er kürzlich die Braut ausgespannt. Die alte Leier.« — »Sie fanden ihn im Gespräch mit diesem Edward vor?« — »Richtig. Und seitdem sitzen wir hier.« — »Klarer Fall«, äußere ich. Weinstein seufzt: »Wirklich, Samson? Ich weiß bloß, daß der Mord sehr gründlich geplant worden ist. Und ganz bestimmt nicht von Herrn Pompom.«

Was beweist Weinsteins Annahme?

Späte Gäste

Es war gegen 1 Uhr in der Nacht, als mein verehrter Chef die Party bei Greifzanders verlassen hatte. Der Gastgeber winkte Zeus Weinstein sein letztes, weiß Gott, sein allerletztes Lebewohl zu und begab sich ins Haus zurück. Um 6 Uhr früh klingelte bei Zeus Weinstein das Telefon, und die Gattin des Hausherrn alarmierte stammelnd den schlaftrunkenen Detektiv: »Bitte, kommen Sie, eilen Sie, fliegen Sie. Mein Mann ist erschossen worden!« Wer hört so was schon gern, morgens um diese Zeit? Ich jedenfalls nicht, als Weinstein mich aus den Federn trommelte. Ich hatte nämlich mit einem alten Schulfreund Geburtstag gefeiert und war erst aufgebrochen, als endlich das Schneetreiben gegen 3 Uhr aufgehört hatte. Seitdem funkelten die Sterne am wolkenlosen Himmel, aber ich war nicht übermäßig erfreut, sie in dieser Nacht ein zweites Mal funkeln zu sehen.

Professor Dr. Greifzander, der prominente Chirurg, bewohnt, oder besser bewohnte, eine schöne alte Villa vor den Toren der Stadt; als wir eintreffen, fällt eine ramponierte Frau Greifzander Zeus Weinstein in die Arme. Sie zerrt uns zum Wohnzimmerfenster. Vor uns liegt ein parkähnlicher Garten. Da es allmählich Tag geworden ist, sehen wir eine dunkle Gestalt inmitten der weißen Pracht liegen.

Die unglückliche Witwe schluchzt: »Herr Weinstein, folgendes ist passiert. Die letzten Gäste verabschiedeten sich so gegen halb zwei, das gemietete Personal ging eine halbe Stunde später. Um 4 Uhr, Rollo — das ist mein Mann, Herr Samson — und ich sind noch auf, da läutet es Sturm, und Rollo öffnet die Haustür. Zwei maskierte Männer, einer mit einem Revolver in der Hand, kommen hereingestürzt und treiben uns in das Wohnzimmer. Ich stehe noch in der Tür zur Diele, und Rollo flüstert mir rasch zu, er wolle die Banditen ablenken. Er geht langsam durch das Zimmer auf die geöffnete Verandatür zu, gibt mir ein Zeichen und rennt in den Garten, und dann . . . ja, und dann schießt der eine Gangster vom Fenster aus auf Rollo. Ich will fliehen, aber der andere schlägt mir etwas über den Kopf, und weg war ich. Hier, fühlen Sie mal meine Beule. Ich kam erst wieder so gegen halb sechs zu mir. Ich wankte in den Garten und entdeckte Rollo . . . bitte schauen Sie ihn sich an, Herr Weinstein, er liegt noch so da, wie ich ihn fand.«

Mehrere verwischte Fußspuren — ich nehme an, die des Toten und der verstörten Frau Greifzander — markieren den Weg zu dem Platz, an dem das Opfer zusammengebrochen ist.

»Was fehlt an Wertsachen?« will Weinstein wissen. »Keine Ahnung!« stottert Frau Greifzander. — »Na, Sie werden sie bestimmt genausogut versteckt haben wie den Revolver, Gnädigste«, sagt Weinstein schneidend. »Sie haben Ihren

»Stimmt, von da oben wurde geschossen«, sagt Zeus Weinstein. »Was anderes stimmt hier nicht.«

Mann erschossen, denn etwas paßt nicht zu Ihrem Märchen.«
»Was wollte er im Garten?« frage ich Zeus Weinstein später. — »Luft schnappen, Samson, vermutlich hatte er, wie die meisten auf solchen Parties, zuviel geraucht.«

Was zeigt, daß Frau Greifzander gelogen hat?

Die Zwillinge

»Was wollen Sie eigentlich, meine Herren?« fragt Georg Schletzenbull und schlägt mit der flachen Hand auf seinen Schminktisch. »Ich habe Ihnen doch schon alles am Telefon gesagt. Entschuldigen Sie bitte, Herr Weinstein und Herr Samson, ich muß mich jetzt umkleiden und dann schleunigst ins Atelier.« Ich ziehe verstohlen einen Zeitungsausschnitt aus der Tasche und überfliege noch einmal die wenigen Zeilen.

Tödlicher Unfall
eines großen Künstlers
(Zürich, 15. Mai)

»Ein tragisches Ende fand gestern vormittag der Schauspieler Ralph Schletzenbull. Auf einer Paßstraße in den Alpen versagten die Bremsen seines Wagens; das Fahrzeug stürzte in die Schlucht. Der Bruder des Verunglückten, Georg Schl., der ihm in einem zweiten Automobil gefolgt war, konnte nichts mehr ausrichten. Ralph, bis zur Unkenntlichkeit verunstaltet, muß beim Sturz sofort den Tod erlitten haben. Die ›Schletzenbull-Horror-Twins‹ glichen sich wie ein Ei dem anderen und sind für alle Kenner des Gruselfilms ein Begriff. Das kurz vor dem Unfall entstandene Bild zeigt uns Georg in natura (links im Bild) und Ralph mit Maske. Er wird uns allen unvergeßlich bleiben. Das gnadenlose Schicksal hat hier eine Lücke gerissen, die höchstens durch viele Doppelrollen des Bruders zu schließen ist.«

Weinstein wendet sich an den hinterbliebenen Zwilling. »Haben Sie sich in Ihrem Äußeren verändert, seitdem dieses Bild gemacht worden ist?« — »Nein«, schnappt Schletzenbull gereizt. »Nicht im geringsten.« — Weinstein hüstelt. »Ralph hat Ihnen sein gesamtes Vermögen hinterlassen. Sie, Georg, haben jedoch ein Testament zugunsten des Tierschutzvereins gemacht. Warum?« — »Wir waren zerstritten, das weiß doch jeder. Ich bin eben konsequent gewesen, er aber nicht.« — »Gesetzt den Fall«, fährt Weinstein ungerührt fort, »daß Sie vielleicht der Ralph sind und Bruder Georg abgestürzt ist, dann wären doch Sie, also Ralph, nicht in den Genuß des Erbes gekommen ...« — »Pech, mein Lieber, ich bin der andere.« — »Welcher

»Samson, ich kann Ihnen die Filmwerke der Schletzenbull-Zwillinge wärmstens empfehlen«, sagt Weinstein. »Allerdings, die Solonummer, die unser Star hier spielt, ist nicht so perfekt.«

andere? Sie hätten doch sicher Gelegenheit gehabt, die Papiere des Toten an sich zu nehmen.« — Schletzenbull ist kurz vorm Platzen. »Beweise, Sie Schnüffler, Beweise! Wir unterscheiden uns durch nichts! Kein Muttermal, nicht der winzigste Leberfleck könnte ihnen da behilflich sein.«
»Wirklich nicht?« Weinstein reicht ihm den Zeitungsausschnitt. Schletzenbull erbleicht. »Sind Sie da ganz sicher, Ralph?« knurrt Weinstein.

Welcher Unterschied verriet Ralphs Betrug?

Plötzlich im Wald

Am Montag, dem 25. Mai, gegen 16 Uhr, schwang sich Christa Kusel, 26 Jahre, vor dem Haus ihrer Tante, Emmi Viöl, aufs Fahrrad und strampelte los, um im Dorf Einkäufe zu machen. Sie verschwand im Wald und ward nicht mehr gesehen. Spätetens um 18 Uhr 30 wurde Tante Emmi unruhig; um 19 Uhr rief sie den Inhaber des kleinen Gemischtwarenladens, Walter Gars, an und fragte nach Christa. Sie war nie dort aufgetaucht. Ehe Tante Emmi irgendeinen Entschluß fassen konnte, klingelte bei ihr das Telefon, und eine gedämpfte männliche Stimme tat kund, daß man Christa entführt habe. Beim jungen Leben ihrer Nichte möge die Tante davon absehen, die Polizei einzuschalten, drohte die Stimme. Die finanziellen Forderungen würden in den nächsten Tagen gestellt. Ende. In das verständliche Entsetzen von Tante Emmi mischte sich Verblüffung. Tante Emmi war alles andere als vermögend, und Christa, ein nettes, schlichtes Wesen, verdiente sich mit Übersetzungen ihr Geld. Tante Emmi harrte verzweifelt aus. 24 Stunden später wurde ihr die gewünschte Summe des Lösegeldes genannt: 25 000 Mark in kleinen Scheinen. Tante Emmi blieb nur eine Möglichkeit. Sie mußte ihren schwerreichen, aber unendlich geizigen Bruder Thomas bitten, ihr in dieser einzigartigen Notlage zur Seite zu stehen. Was blieb ihm übrig: Er knirschte mit den Zähnen und hielt das Geld bereit. Am 28. Mai, mittags, nannte die Stimme am Telefon den Platz, an dem noch am selben Abend der Koffer mit dem Geld deponiert werden sollte; eine bestimmte Waldlichtung. Tante Emmi tat, wie geheißen, tapfer im Alleingang. Am nächsten Mittag erhielt sie das Fragment einer Wanderkarte mit einer Markierung. Daraufhin schaltete Tante Emmi beileibe nicht die Polizei, sondern Zeus Weinstein und mich ein und gab uns den vorstehenden Bericht.

Eine stillgelegte Kiesgrube in der Nähe einer Bahnlinie. In einer verfallenen Baracke erlösen wir am frühen Abend die gebundene und geknebelte Geisel von ihren Fesseln. »Ich liege hier bestimmt seit 24 Stunden«, berichtet Christa Kusel. »Ich konnte nur mal die Güterzüge rattern und eine Lok pfeifen hören. Wo bin ich?« Wir führen Christa zum Wagen. Sie kennt die gottverlassene Gegend nicht. »Am Montag wurde ich von zwei maskierten Männern im Wald angehalten und in ein Auto gezerrt. Mein Rad warfen sie ins Gebüsch«, erzählt sie. »Dann brachte man mich in ein Haus — keine Ahnung, wo das liegen mag. Und gestern banden mir die Kerle ein Tuch vor die Augen und schafften mich hierher. Kein Wort haben sie mit mir gesprochen.«

Wir fahren über zwei Stunden bis zum Haus ihrer Tante. Vorher hatte ich die Baracke gründlich durchsucht und

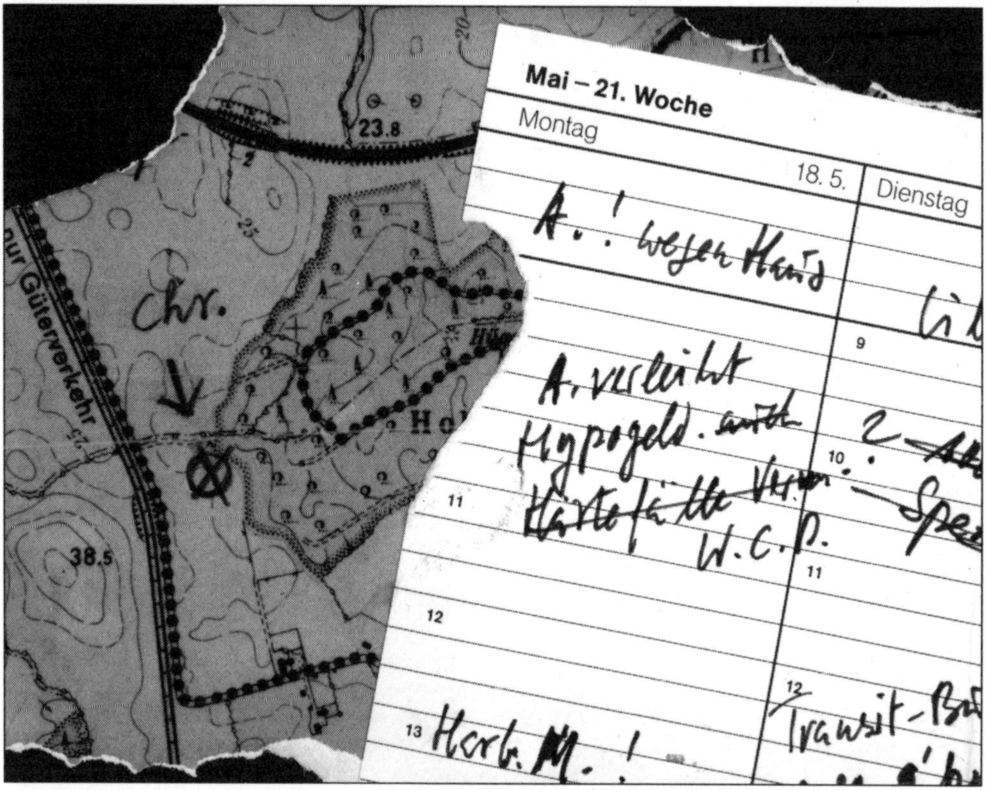

Das Stück einer Wanderkarte und die Seite aus einem Notizbuch. Alles ist sorgfältig geplant.

nichts als eine herausgerissene Seite aus einem Notizbuch mit unverständlichen Eintragungen entdeckt.

Tante Emmi strahlt. Onkel Thomas ist erschienen, der lächelt süß-sauer. Die Tante setzt ein Süppchen für das arme Kind auf. Onkelchen entkorkt eine Flasche Sekt — alle Achtung, bei seinem Geiz. Wir leisten Tante Emmi in der Küche Gesellschaft. »Haben Sie neulich nach dem Fahrrad an der Straße im Wald gesucht?« fragt der Chef. — »Himmel, das habe ich vergessen!« — »Wer weiß von der Entführung?« — »Niemand. Nur mein Bruder.« Weinstein senkt seine Stimme. »Rücken Sie das Geld raus. Ich werde Ihrem Bruder gegenüber so tun, als hätte ich's gefunden. Ich möchte Christa nicht vor den Kadi zerren, obwohl sie an dem Komplott beteiligt war. Sie hat sich verraten!«

Wodurch?

Auflösungen

Saisonbeginn
Herr Breuninger war nackt und bloß, bis auf Hut und Badehose. Er behauptete, schon früh am Morgen am Strand gewesen zu sein, so früh, daß er als Mörder seiner Tante nicht in Frage kam. Herr Breuninger holte sich die Zeitung, die angeblich eine Dame am Mittag in den Dünen zurückgelassen hatte und »... stieß auf den Artikel, hob den Ausschnitt auf...« und zeigte denselben Zeus Weinstein. Und diesem superben Kriminalisten fiel sofort auf, daß dieser Ausschnitt glatt und sauber mit einer Schere ausgeschnitten worden war. Woher hätte der halbnackte Herr Breuninger weitab in den Dünen so schnell eine Schere hernehmen sollen?

Spezialitäten
Der (verdächtige) Killer hatte am Tisch gesessen und ausgiebig gespeist. Aber er hatte keinen Fingerabdruck hinterlassen — weder am Geschirr oder Besteck noch sonstwo. Dieser Umstand beweist, daß der Mann vorsorglich nicht die geringste Spur hinterlassen wollte: doch sicherlich einzig und allein, um den Mord zu begehen.

Ein feiner Klub
A: Wir sehen, daß der Bandenführer nicht der Mechaniker ist. Ebenso ist Hans der Hunne weder der Boß der Bande noch der Mechaniker. B: Chicken-Schulz ist weder der Mechaniker noch der hervorragende Pistolenschütze. C: Power-Paul, der Schütze, ist nicht Bandenboß noch Mechaniker. Hans der Hunne scheidet als Bandenboß, Mechaniker und Pistolenschütze aus. Daher ist Chicken-Schulz, der nicht der Mechaniker ist, der Boß der Bande. Also bleibt Carlo als Mechaniker übrig.

Ein Zwergen-Mord
Der kleine Herr Ursus behauptete steif und fest, seinem Liliputanerkollegen Titus Maximus vom Garten aus eine Warnung zum Fenster hinaufgerufen zu haben, da er angeblich eine verdächtige Gestalt auf dem Baum erspäht hatte. Dann sei prompt das Licht erloschen und sofort darauf der Todesschrei ertönt. Zeus Weinstein fand das Opfer mit dem Pfeil im Rücken in dessen Sessel vor dem offenen Fenster vor; die Lampe auf dem Schreibtisch war jedoch zu weit von Titus entfernt, als daß er sie von seinem Platz aus in einer so kurzen Zeitspanne hätte ausknipsen können. Ursus selbst hatte den Unglücklichen bei günstigem Mondlicht zur Strecke gebracht.

Die Leiche auf der langen Bahn
Der Meisterdetektiv wurde stutzig, als Leila Lehaar ihren Bericht abgab. Danach hätte sie in der Villa ihres »Bekannten«, Heino Runknase, mit ihm gemütlich vor dem Fernseher gesessen. Dann sei der Gute ans Fenster getreten, hätte einen Schrei des Unwillens ausgestoßen und sei auf der Stelle auf den Golfplatz gestürmt, wo zwei Männer seiner harrten. Von einem der beiden sei er dann erschossen worden. Diese Geschichte hat einen Schönheitsfehler:
Der tote Herr Runknase liegt im Mantel auf dem Rasen; der Hut ist ihm vom Kopf gefallen. Bei der von Leila geschilderten spontanen Reaktion hätte ihr »Bekannter« wohl keine Zeit mehr gehabt, einen Mantel anzuziehen und den Hut aufzusetzen.

Ein Kunstfehler
Albert, der Chauffeur, hatte den Coup angezettelt und sich von seinen Kumpanen als

»Geisel« mitnehmen lassen. Er verriet sich, als er von dem Gespräch der beiden »Entführer« berichtete: Sie diskutierten angeblich im Auto über das Lösegeld, und einer steckte dann der falschen Geisel auf der Mülldeponie den Zettel mit der endgültigen Forderung in die Tasche. Nur — dieser Zettel war mit der Maschine geschrieben worden. Wo sollten die beiden Gangster auf der Fahrt oder auf der Müllhalde eine Schreibmaschine herbekommen haben? Der Coup war fingiert; alles war schon vorher vorbereitet worden, und zwar zu gründlich.

Der kleine Unterschied

Dem Meisterdetektiv fiel auf, daß der Kittel des angeblichen Professors von rechts nach links geknöpft war. Der Mann trug also einen Damenkittel. Die Vermutung lag nahe, daß der Geisteskranke den Kittel der Ärztin gestohlen hatte, um so unauffällig aus der Haftanstalt zu entfliehen. Denn warum sollte der richtige Professor ausgerechnet einen Damenkittel tragen.

Ein harmloser Sittenstrolch

Welche Kleinigkeit vermißte ich wohl bei dem unschuldigen Opfer? Was fiel mir auf, als mir dieser Richie Bartels seine Habseligkeiten — bis auf den letzten Hosenknopf — vorwies? Jawohl, Sie haben's erraten, er hatte kein Kleingeld bei sich. Einiges Kleingeld hätte nämlich der heftig frequentierte Händler preiswerter Rosensträußchen zu einszwanzig das Bund garantiert in der Tasche haben müssen, zumal die letzte Kundin, die greise Oma, ihm bedächtig und umständlich das Geld in die Hand zählte, wie ich ausdrücklich erwähnte. Und da mir die unvergleichliche Heidi Hülsebusch berichtete, daß der von ihr Verfolgte kreuz und quer durch die Gegend getrabt sei, ohne zu pausieren, konnte der Mann das Geld ja auch nicht irgendwo ausgegeben haben, gell?
Nee, nee, bei der nächstfälligen Verfolgungsjagd lasse ich mich lieber mit achtzig Sachen im Rollstuhl von 'ner Krankenschwester hinterherfahren, als ein zweites Mal so eine Angstpartie mit einer wieselgleichen Dewitz-und-Dewitz-Leihgabe mitzumachen.

Mörder im Hotel

Die mörderische Person war natürlich niemand anders als das Zimmermädchen Lilly. Sie klopft und piepst, sie sei die gute Lilly, das Zimmermädchen. Gebbhahn öffnet ihr, wie jeden Morgen, er setzt sich wieder an den Schreibtisch, und sie, was tut sie — nee, *das* noch nicht, das kommt später, nein, sie legt erst einmal die *frischen* Handtücher, die sie mitgebracht hat, im Bad ab. Dann erst erfüllt sie ihren Auftrag und sammelt die Manuskriptseiten ein — und noch etwas, die *gebrauchten* Handtücher nämlich. Ach ja, die gute, alte Routine! Es waren ja später keine mehr aufzufinden, im Bad nicht oder sonstwo, und Gebbhahn war bekleidet, also auch vermutlich gewaschen und außerdem glänzend rasiert. Naßrasiert. Ein einfacher Plan! Lilly bringt für gewöhnlich die Handtücher und räumt das Zimmer auf. Heute brachte sie wie immer die Handtücher und räumte zur Abwechslung Heino Gebbhahn aus dem Weg.

Der stille See

Detektiv Leo. H. hat besonders dämlich gelogen. Er gab an, daß er den Vermißten John P. Schwalenberg am Bahnhof gesichtet hätte. Er sagte: ». . . ich folgte unserem Mann zu Fuß, in einiger Entfernung. Zuerst ging er zu einem Taxistand, doch plötzlich machte er kehrt und betrat eilig ein Warenhaus. Drinnen war er beim besten Willen nicht mehr aufzufinden. Ich lief zum Bahnhof zurück . . .« Man darf Leo H. glauben, daß »sein Mann« nicht im Warenhaus aufzufinden war. Das Warenhaus hatte nämlich geschlossen. Es war Sonntag. Leo H. gehörte also eindeutig zu der Bande, die John P. Schwalenberg entführt hatte.

Hinter der Tür

Der Mörder (Walter Isen) erschoß seinen Bruder Ludolf und fingierte dessen Selbstmord. Aber Ludolf hatte sich in seinem Arbeitszimmer eingeschlossen, und Walter mußte somit die Tür von draußen aufbrechen — wie konnte er so einen Selbstmord vortäuschen? Er verfrachtete seinen toten Bruder (mit den notwendigsten Utensilien) kurz und bündig in ein anderes Zimmer. Weinstein merkte es daran, daß er aus dem einzigen Fenster des Raumes die Sonne untergehen sah. Aber am frühen Morgen, als Ludolf Isen Weinstein angerufen und gesagt hatte, er werde sich jetzt in seinem Arbeitszimmer verbarrikadieren, sprach Ludolf davon, daß er auf den Sonnenaufgang blicken würde.

Opas bestes Stück
Der Meisterdetektiv mißtraute zu vollem Recht der Kidnapping-Affäre, die sich die liebe Verwandtschaft des alten Gatsby ausgedacht hatte, um Geld aus ihm herauszuschinden. Als die »verzweifelte Mutter« den Schlips des »Entführten« präsentierte (den angeblichen Beweis der Gangster, daß der Sohn in ihrer Gewalt sei), wußte Weinstein Bescheid. Paul III war im Smoking entführt worden, und zum Smoking trägt man bekanntlich eine Schleife.

Rache nach Plan
Der Täter selber hatte den Namen des rachedurstigen Irren auf die Zeitung gekritzelt, den Artikel hastig herausgerissen, um den Eindruck zu erwecken, das Opfer hätte in seinen letzten Sekunden einen Hinweis auf den Mörder liefern wollen. So stand auf dem Blatt: »Hohenberg« statt »Hohenberger«. Der angeblich ahnungslose Herr Laaber, der von dem Namen nie etwas gehört haben wollte, meldete aber sofort der Polizei den richtigen Namen, kaum daß er — angeblich — den Toten mit dem Zeitungsausschnitt gefunden hatte.

Magere Magie
Avron Botzalis konnte keinen Selbstmord verübt haben; er konnte sich nicht in die rechte Schläfe geschossen und danach den schweren Wälzer (der sein Horoskop mit einem gefälschten handschriftlichen Vermerk enthielt) unter seinen Kopf geschoben haben. Die aufgeschlagenen Seiten des Buches wiesen zwar schwache Blutspuren auf, erklärlich, aber wie kam der Blutfleck, über dem das große Buch gelegen hatte, auf das Parkett? Der Mörder hatte das Buch erst plaziert, als er Botzalis bereits erschossen hatte — der Mörder war niemand anderes als der Sekretär Meyer-Abisch, der den Zimmerschlüssel natürlich nicht verlegt hatte.

Kinderkram
Eine sehr schöne Geschichte hat sich Sandra da ausgedacht. Nur, bei einer derart komplizierten Fesselung und Tuch vor dem Mund wäre es kaum möglich gewesen, den Briefumschlag ordnungsgemäß zuzukleben, wofür die Gummierung hätte abgeleckt werden müssen.

Das Klubmitglied
Welche Person hatte Gelegenheit, die »Gegenseite« über den Termin der Abfahrt und über das Fahrziel des Professors zu informieren? Sicherlich hätten alle Personen, die das Refugium des Professors bevölkerten oder es von draußen bewachten, irgendwie die Möglichkeit gehabt, es zu tun. Aber Schwierigkeiten hätte es dabei für den Verräter bestimmt gegeben. Nur eine Person konnte garantiert ohne Schwierigkeiten dem »Klub« Bescheid gegeben haben, die Person nämlich, die das Taxi fuhr.

Der krächzende Zeuge
Nun, es gab nur ein Lebewesen, das sich klar und deutlich durch eine unvorsichtige Bemerkung als Täter verriet, und das war — nein, nein, nicht der Papagei, soweit kommt's noch — aber immerhin durch das Wissen um den Papagei verriet sich die Person. I wo, es war auch nicht der vorbestrafte Kirchtimke. Der

Neffe, der Karl-Sebastian, war's. Jawohl, der treulose Neffe, der sein Tantchen so lange, lange Zeit nicht besucht, so gar keinen Kontakt mehr mit ihr hatte, genau, der war's.
Also, er reiste an und wußte angeblich von nichts. Kirchtimke ließ bei Gelegenheit den Namen Jockeli fallen, und Karl-Sebastian erkundigte sich scheinheilig, ob das ein Hund sei. Kirchtimke erklärte, daß Jockeli ein *Vogel* sei, den er, Kirchtimke, bei sich und seinen 13 glücklichen Kanarienvögeln untergebracht habe. Dann erwähnte er, daß dieses *Tier* als Augenzeuge der Untat beigewohnt hätte, und kurz danach fragte Karl-Sebastian leicht stotternd: »Haben Sie ihn verhört, Herr Weinberg? Hat der Papagei den Namen des Täters schon genannt?« *Papagei* sagte er, und vorher war lediglich von Vögeln und »diesem Tier« die Rede gewesen. Welcher speziellen Vogelart der Jockeli angehört, wurde nie im Beisein der Hinterbliebenen erwähnt.
Tja, und wer nun diesen verfänglichen Satz: »Laß mich in Ruhe, dumme Gans« gekrächzt und damit Frau Löffler absichtlich oder unabsichtlich in die Bredouille gebracht hat, wissen wir leider nicht. Kirchtimke streitet es ab. Und Weinstein und ich haben weder Zeit noch Lust, tagelang darauf zu warten, daß dieses Vieh den Ausspruch vielleicht irgendwann mal wieder von sich gibt. Ist ja auch Wurscht.

Phantomkiller
Uli ist der Täter. Er klopfte an die Verandatür, Blix öffnete, Uli trat näher, zückte die Mordwaffe, Blix schoß daneben, und Uli ermordete ihn. Dann verriegelte Uli die Verandatür von innen, entfloh durch die Zimmertür auf den Flur und schloß die Tür von außen ab. Nachdem die drei die Tür aufgebrochen hatten, steckte Uli heimlich den Schlüssel von innen ins Schloß. Jetzt sah es so aus, als seien alle vier vorhandenen Türen von innen verschlossen gewesen. Da sich aber trotz akribischer Suche die abgefeuerte Kugel weder im Schlafzimmer noch in den Nebenräumen fand, konnte sie nur durch die geöffnete Verandatür ins Freie geflogen sein.

Dreiertreffen
»Izmir-Herbert« ist der Mörder. Auf dem glatten Griff des Messers befanden sich nur die Fingerabdrücke von »Sir Albert« und keine Fingerabdrücke des ermordeten Eigentümers des Messers. Das bedeutet, daß der Griff abgewischt worden war, denn sonst wären sicherlich auch einige mehr oder weniger deutliche Abdrücke des Eigentümers zu sehen gewesen. Da der Mörder das Messer bestimmt nicht abgewischt hat, um gleich darauf aufs neue seine Fingerabdrücke auf dem Griff zu hinterlassen, kann »Sir Albert« also nicht der Mörder sein: »Izmir-Herbert« ist es.

Schützenfest
»Sir Albert« hat gelogen; er sagte aus: »Wieder Glück gehabt, denn der Kerl drehte sich erschreckt um. Ich zog noch im Liegen meine Waffe und schoß . . .« Albert schoß mit gutem Erfolg, er traf das Herz genau in der Mitte. Die Kugel trat in den Rücken ein, so weit, so gut, jedoch ein paar Zentimeter über dem Herzen, das stellte der Polizeiarzt fest. Dieser Einschußwinkel ist sicherlich nicht möglich, wenn man vom Fußboden aus, im Liegen, feuert.

Eiskalt beerdigt
Sebastian Lichtenkamp konnte keinen Selbstmord begangen haben. Er lag im Bett, nur der Kopf war zu sehen. Weinstein nahm zwar den Revolver von der Bettdecke zurück, um nach den »erfrorenen« Händen des Toten zu sehen — also lagen sie unter der Decke. Ein Mensch, der sich im Bett liegend den Revolver an die Schläfe setzt und abdrückt, wird seine Hand hinterher nicht mehr unter die Bettdecke stekken können.

Dumpfe Vorahnung
Eberhard Wittorf verriet sich dadurch, daß er sagte: »Ich kam genau zwanzig Minuten später als meine Frau nach Hause.« Seiner eigenen Aussage nach hätte Wittorf unmöglich wissen können, wann seine Frau von ihrem Spaziergang zurückgekehrt war.

Asphaltdschungel
Das verdächtige Individuum verriet sich dadurch, daß es aussagte: »... und dann legt der eine den Koffer auf den Boden und macht ihn auf... und dann hören die Burschen den Streifenwagen quietschen — der eine... knallt den Deckel zu, und beide hauen ab. Den Koffer ließen sie liegen, genauso, wie er vorhin dalag.« Das Zuknallen des Deckels war wohl nicht gut möglich, da der Koffer mit dem Deckel zuunterst auf dem Boden lag.

Drei Brüder
Der Täter — einer der drei Brüder Schillingfürst — war leicht zu identifizieren. Gottliebs rechte Hand zitterte mächtig, als er die Skizze der vermummten Gestalt anfertigte; Bruder Max hämmerte sich auf den linken Daumen, also mit der rechten Hand. Die Pistole vor dem Fenster wurde jedoch mit der linken Hand in Anschlag gebracht. Also blieb nur noch einer übrig: ein Linkshänder, Bruder Sebastian.

Draculas Liebchen
Der Meisterdetektiv stand in der Kulisse, und ein kurzer Blick genügte, um festzustellen, daß ein Kabel über dem rechten Bein der erwürgten Linda lag. Was hatte Kameramann Ted Brown ausgesagt? »... als ich das Atelier betrat, sah ich, wie Benett den Hals von Linda würgte. Dann sackte sie zu Boden, genau da, wo sie jetzt liegt...« Unmöglich, daß dann das Kabel über dem Bein sein konnte. Brown hatte das Mädchen ermordet, bei dem Kampf fiel einer der Scheinwerfer um. Der »Vampir« Ralph Benett erwähnte ja noch folgendes: »... als ich hier reinkam, richtete Brown, glaube ich, gerade einen Scheinwerfer auf...« Das hatte Brown getan. Dabei fiel das Kabel über das Bein der unglücklichen Linda.

Die Freundinnen
Die zerbrochene Untertasse paßt nicht ins Bild, das die beiden Damen Zeus Weinstein vorgaukeln wollten. Die Untertasse war zusammen mit der zerbrochenen Teetasse aufgefegt und weggeworfen worden. Sie lag also an derselben Stelle, an der das Opfer die Teetasse fallen lassen hatte. Nur dort durfte die Untertasse nicht liegen, die hätte eigentlich auf dem Schreibtisch stehen müssen! Man kann nicht den Hörer am Ohr behalten, aus der Teetasse trinken und noch die Untertasse halten.

Dichtung und Wahrheit
Der Unhold, also der Mörder von Frau Ellen Kreßberg, war nicht gerade der gefürchtete und langgesuchte Würger, aber immerhin ihr eigener Mann.
Er verzog sich am Dienstag, dem 21. Juni, nebst Schwester Lisbeth in sein einsam gelegenes Haus aufs Land. Seine Frau wurde am 23. gegen 5 Uhr morgens ermordet. Am Mittag trafen wir bei dem frisch gebackenen Witwer ein. Walter Kreßberg gab auf Befragen an, tags zuvor bis 1 Uhr nachts gearbeitet zu haben, dann zu Bett gegangen und um sieben, halb acht wieder aufgestanden zu sein. Dann fuhr er — angeblich — zum Waldlauf ins Grüne, schwamm anschließend im See und deckte gegen neun, halb zehn den Frühstückstisch für sein bald darauf auftauchendes Schwesterlein. Dieses hatte »wie eine Tote« geschlafen, dank eines eingenommenen Schlafmittels. Daher hatte Lisbeth auch nicht merken können, daß ihr Bruder in Wahrheit des Nachts aufbrach, um in der Stadt seine Gattin zu erwürgen. Er würgte also so gegen 5 Uhr, machte sich schnell davon und war spätestens um acht, halb neun — nach drei Stunden Fahrzeit, ich erwähnte es — wieder in seinem Haus auf dem Land. Wäre seine Schwester früher erwacht, hätte ihr Walter Kreßberg nach seiner Ankunft das erzählt, was er uns erzählt hat, nämlich, daß er in den Wald zum Frühsport gefahren sei. Und welchen Fehler beging der Rabengatte? Nun, es ist kein Fehler, auf der Rückfahrt irgendwo die Morgenzeitung zu kaufen, aber es war ein — für ihn — verhängnisvoller Fehler, sie uns zu präsentieren. Er las uns höchstpersönlich daraus vor, und zwar: Wahnsinniger würgt weiter! Gestern, am Mittwoch,

dem 22., wurde die Leiche ... und so weiter und so fort. Da kann ich nur mit Edgar Allan Poe sagen:
»Sprach der Rabe: blöd, du Tor!«

Ortsgespräch mit dem Opfer
Ja, ja, das hatte sich Lilly Seesterhahn schön ausgedacht, fast perfekt. Also: Ben Kaltrappe ruft sie, Frau Seesterhahn, tatsächlich an, so gegen 10 Uhr 30. Frau Seesterhahn plant, Ben zu ermorden — das Motiv bekommen wir schon noch raus, keine Angst —, also, sie plant, Ben zu ermorden, sagt, er möge am Apparat bleiben, sie müsse mal eben dies oder jenes ... er klebt treu und brav am Hörer, sie kommt angeflitzt, sie wohnt ja in der Nähe, und ehe er fragen kann, was das soll, tritt sie hinter den am Schreibtisch Sitzenden, und peng! Aus und vorbei!
Und nun wird's raffiniert. Sie entdeckt die Morgenzeitung — oder hat eine eigene mitgebracht — und macht nun das, was sonst Ben immer für sie macht. Sie durchforstet die Stellengesuche, kreuzt einige an, notiert sich den Wortlaut und verduftet. Dann eilt sie zu uns, verbreitet ihre Mär und zückt zur Untermauerung ihrer Geschichte den Zettel mit der Abschrift der Annoncen. Bis dahin: Hut ab, gnäd'ge Frau. Aber jetzt kommt das dicke Ende. Sie plazierte nämlich die Zeitung fein säuberlich wieder unter Bens schlaffe Arme und Oberkörper, als sei er während des Vorlesens am Telefon über der Zeitung zusammengesunken. Das wäre er auch — aber er wäre über dem Annoncenteil zusammengebrochen. Verstehen Sie? Über der aufgeschlagenen Zeitung. Ich fand sie aber zugeschlagen mit der Titelseite nach oben vor. Ja, ja, diese blödsinnigen Flüchtigkeitsfehler!

Eiskalt serviert
Tja, ich möchte Ihnen ja keinen Wermutstropfen in Ihren Lieblingssekt fallen lassen, aber Herr Bruno Tiefenthal, der Chef der gleichnamigen Sektkellerei, war höchstpersönlich der Mörder seiner Frau; und ich muß gestehen, er hat es meisterhaft verstanden, seine Umwelt aufs Glatteis zu führen — ausgenommen meinen genialen Chef, Zeus Weinstein, natürlich! Tiefenthals Mär von der Entführung der Teuren klang wahrlich überzeugend, und kein noch so argwöhnischer Mensch hätte ihm was am Zeug flicken können, wenn er nicht einen entscheidenden Fehler gemacht hätte, auf den Weinstein sofort stieß, als wir die Tote hinter dem Gebüsch fanden: »erschossen, das weiße Leinenkleid voller Blut«, wie ich berichtete. Und was hatte Tiefenthal, der Entmenschte, gesagt, als er uns die Beschreibung der — angeblich — Entführten gab? »Ein rundes Gesicht, schlank, sportliche Erscheinung, weißes Leinenkleid ...«, jawohl, weißes Leinenkleid hatte er gesagt, und woher konnte er *das* wohl wissen, wo die Gattin doch — angeblich — auf der Heimreise von England über Ostende kommend gekidnappt wurde. Drei Wochen hatte sie in England verbracht — und das hatte sie in der Tat — und ihren Bruno nur mal »kurz« aus Ostende von ihrer Ankunft in Kenntnis gesetzt. Nicht anzunehmen, daß sie ihn auch über die Beschaffenheit ihrer Garderobe informiert hat — »Ich trage heute ein entzückendes weißes Leinenkleid, Liebling« —, nein, das ist kaum anzunehmen. Herr Tiefenthal durfte es bewundern, als er seine Margot-Marie voller Wiedersehensfreude in die Arme schloß, um sie dann eigenhändig ... na ja, Sie wissen ja. Überlegen Sie sich mal das Ganze gemütlich bei einem Gläschen Sekt.

Zeit ist Geld
Thomas und Lelia Grand hatten die Entführung von Lelia vorgetäuscht, um das Geld des Vaters zu kassieren. Als der Abgesandte des alten Herrn, der Detektiv Bohn, mit dem Lösegeld am vereinbarten Treffpunkt erschien, schoß ihn Thomas nieder und erzählte später Zeus Weinstein, die Erpresser hätten es getan: »... Einer der Kerle riß ihm die Tasche aus der Hand und begann die Banknoten in Plastiktüten zu stopfen. Der andere Typ zog einen Revolver und schoß ... Die Burschen hauten ab, in panischem Schrecken ...« Die »Gang-

ster« werden sich bestimmt nicht mehr die Zeit genommen haben, die Tasche umständlich zu schließen und mit dem Riemen zu verschnallen. Das Geschwisterpaar hat das Geld in aller Ruhe in ein Versteck gepackt und danach automatisch die Tasche zugemacht.

Dreimal Psi

Fräulein Bandilla — keineswegs ein Opfer mysteriöser Voodoobeschwörungen — hat sich den ganzen Hokuspokus ausgedacht und die Zettel selber fabriziert, versteht sich.
Doch ein Schönheitsfehler an diesen Blättern fiel Zeus Weinstein auf: Die Rißstellen sind identisch, alle drei Zettel sind zusammen abgerissen worden. Fräulein Bandilla aber will an drei aufeinanderfolgenden Tagen je einen Zettel abgerissen haben — unmöglich, daß sich in diesem Fall die Rißstellen so gleichen würden.

Kalte Füße

Wenn der Gesuchte das Fenster geöffnet und sich weit hinausgelehnt hätte, wäre wohl der Schnee zum guten Teil vom Sims gefallen.

Sein letztes Wort

Die Haushälterin, die am Vormittag nach der Mordnacht zuerst nur einen flüchtigen Blick in das Arbeitszimmer des Ermordeten geworfen hatte, sagte aus: »Alles war in Ordnung. Ich bemerkte nichts Ungewöhnliches.« Den Toten konnte sie von der Tür aus nicht sehen — aber es wäre ihr gewiß aufgefallen, wenn das Licht im Zimmer gebrannt hätte. Herr Börry hatte noch in der Nacht gearbeitet, doch er selber konnte das Licht nicht ausgeknipst haben, da das Gift so schnell gewirkt hatte — also mußte es der Mörder aus Versehen getan haben. Bevor Arthur und Ester in der Nacht das Haus verließen, schaute Arthur noch mal zu seinem Onkel ins Zimmer, der dann angeblich zum Abschied genickt haben sollte. Das war Arthurs Lüge, um sich im Beisein von Ester ein Alibi zu verschaffen. Aber nach den beiden konnte niemand mehr das Haus betreten haben. Also brannte das Licht auch nicht mehr, und Arthur hätte nichts sehen können.

Hügel mit Leiche

Der Lebensgefährte der Frau von Kirchnüchel, Herr von Most, ist der Mörder. Er sagte aus, daß er den Bogen Zeichenpapier mit der Angabe, daß Helma die Mörderin sei, auf dem Hügel bei der Toten fand. Das Faktotum Lisbeth erwähnte, daß Frau von Kirchnüchel, als sie ging, einige Bogen Papier mit vier Heftzwecken auf dem Reißbrett befestigt hatte. Doch besagter Bogen mit der Skizze und der Beschuldigung weist keine Löcher auf, die vier Heftzwecken garantiert hinterlassen hätten. Herr von Most hatte zu Hause eine andere Zeichnung der Künstlerin genommen und dann noch Gift in den Tee getan, um den Verdacht auf Helma zu lenken. Da Frau von Kirchnüchel aber nicht von dem Tee trank, vergiftete der reizende Gefährte sie später, draußen auf dem Hügel, mit irgend etwas anderem.

Ein Psi-Problem

Nun, die Koryphäe für mediale Lebensberatung verriet sich ganz eindeutig.
Er gab vor, Frau Erdmuthe Phaulstrick, Phaulstrick mit »Ph«, noch nie gesehen, den Namen noch nie gehört zu haben. Wie würden Sie den Namen auf Anhieb schreiben, wenn er Ihnen genannt würde, hm? Faulstrick mit »F« am Anfang, na klar. Frank Thondersen jedoch zog im Handumdrehen die richtige Schublade des Karteischränkchens auf; er präsentierte uns ganz richtig den Karteikasten der Namen, die mit »P« anfangen. Er wußte also den bemerkenswerten Eigennamen ganz richtig zu buchstabieren. Aber bitte, kommen Sie mir nur nicht damit, der Scharlatan sei vielleicht doch irgendwie außersinnlich veranlagt. nein, nein, »außer« nicht.

Eine guttrainierte Leiche

Rolf — Rolfimäuschen — Fredemann hatte man schnell und effektiv zur Leiche gemodelt, und niemand anderem als seiner herzallerliebsten Yvonne war's zu danken.

Sie erzählte uns: »... also Rolf und ich hatten uns für 18 Uhr in seiner Garderobe verabredet, ich erschien pünktlich, aber der Rolf war nicht hier — ich meine, allem Anschein nach nicht hier. Ich wartete ein paar Minuten ...«, na ja und so weiter und so fort, das sagte Yvonne also — aber kurz darauf berichtete ich, daß ich den karierten Tweedmantel Fredemanns von dem einzigen Haken und den darunterhängenden schwarzglänzenden Regenmantel von Yvonne Markdorf in Augenschein nahm.

Also hatte das arme Opfer entweder mit Yvonne zusammen den Raum betreten, oder er war später, nach ihr, in die Garderobe gekommen — auf jeden Fall konnte Fredemann nicht vor Yvonnes Erscheinen ermordet worden sein, sonst hätte sein Mantel nicht *über* ihrem hängen können.

Der Tote am Telefon

Dr. Moorgans war annähernd genial. Er wußte, daß an diesem bestimmten Abend die gute Lisa Ausgang hat. Er beordert — mit verstellter Stimme — Zeus Weinstein und mich um 22 Uhr zum Haus des Bankiers. Vor unserer Ankunft erschlägt Moorgans den hilflosen Greis, drückt dem Verblichenen den Hörer in die Hand und wählt seine eigene Nummer. Moorgans fährt nach Hause. Er weiß, wir sind pünktlich. Moorgans meldet sich zur gegebenen Zeit — ein kleines Vabanquespiel, aber es klappt — und erfindet zusätzlich einen geheimnisvollen Sekretär. Genial! Dem Doktor unterlief nur ein kleiner Fehler. Weinstein bemerkte lediglich, daß Liebholz tot sei; Moorgans wußte aber genau, wo wir uns befanden, nämlich im Wohnzimmer. »Sie finden welchen (den Cognac) in dem Mahagonischränkchen rechts neben der Tür«, sagte er. Angeblich hatte er seinen Patienten zuletzt oben im Schlafzimmer gesehen, ihm sogar ein leichtes Schlafmittel verabreicht. Wäre das so gewesen, hätte er den Toten zuallererst doch gewiß in seinem Bett vermuten müssen.

Aktion Arktis

Dem Filmproduzenten Hadamar, der so viel Wert auf eine realistische Ausstattung seines Arktis-Thrillers legte, hatte man wahrhaftig eine böse Bombe in seinen Film eingebaut (wahrscheinlich wollte sich der gefeuerte Autor rächen): In der Arktis gibt es keine Pinguine! Die findet man nur in der Antarktis.

Der verlorene Sohn

Johannes hatte sich selber »entführt«. Er hatte sich in dem verlassenen Haus so gut es ging Fesseln angelegt, von denen er sich gerade »befreite«, als Weinstein kam. Sicherlich hatte er aus Versehen den Topf mit Farbe so dicht an der Tür plaziert, daß der umkippte, als Samson sie ein paar Zentimeter aufstieß. Wie konnten die angeblichen Entführer so das Zimmer im ersten Stock verlassen haben?

Letztes Lebewohl

Nur eine Person konnte Emanuel Kaub kurz vor der Abfahrt des Zuges erschossen haben — eine Person, die ihm etwas zur Bahn gebracht hatte, was Kaub nicht bei sich hatte, als er sich kurzfristig entschied, ganz schnell zu verschwinden: seinen Koffer nämlich. Vor seinem Besuch bei Toni telefonierte er von einer Telefonzelle aus mit einem einzigen Menschen, dem er vertraute (mit seiner Verlobten Hilde), erzählte von seinem plötzlichen Entschluß und bat sie, seinen Koffer zu packen und ihn zum Zug zu bringen. Wer sonst hätte ihm seine Siebensachen nebst Pistole einpakken können? Nur Hilde kommt also als Mörder in Frage. Das Motiv ist bisher unbekannt.

Draußen vor der Tür

Der Gauner Zilwik machte sich bei Zeus Weinstein dadurch verdächtig, daß er sagte:

». . . ich sitze da an meinem Fenster, draußen is' es dunkel, aber noch nich' so, daß ich nich' immer eine Gestalt drüben an der Ecke rumlungern sehen kann. Dann zündet sich die Figur 'ne Pfeife an . . .« Der Tote hatte weder ein Feuerzeug noch Streichhölzer bei sich. »Es lag auch sonst nichts, außer der Pfeife, neben dem Toten«, sagte der Wachtmeister aus. Also auch kein abgebranntes Streichholz und keine Streichholzschachtel.

Verwandte Bestien

Weinstein kam auf die Idee, daß ein Komplott aller drei Verwandten das sicherlich gemeinsam ausgeführte Ende des Professors herbeigeführt hatte, weil alle drei davon sprachen, das Opfer habe einen »Roman« aus der Bibliothek holen wollen beziehungsweise von dem Regal genommen. Der Mann war Wissenschaftler, die Bibliothek dementsprechend voll von Fachbüchern. Kurt Wrohm, der angeblich das Haus noch gar nicht betreten hatte, konnte unmöglich von der Terrasse aus erkennen, daß der Professor ausgerechnet nach einem »Roman« griff. Und Gesa Ostzaan konnte das auf die schnelle von der Tür aus sicherlich auch nicht genau gesehen haben. Nein, allen Aussagen lag eine präzise, zu präzise, »Sprachregelung« für das Lügenmärchen zugrunde.

Alternatives Leben

»King« Franeker konnte unmöglich mit Weinstein am Telefon gesprochen haben, ehe er die Tür seines Zimmers von innen abschloß, in dem er sich gerade befand. Der Anrufer hatte präzise die Uhrzeit (15 Uhr 32) genannt. Aber weder fand sich eine Uhr im Zimmer oder im Flur vor dem Zimmer, noch hatte der Tote eine Uhr bei sich.

Ein Agent im Training

Ich fragte Sie, welche Person Zeus Weinstein verdächtigte, den Halsschmuck von Frau Schönebeck geklaut zu haben — eine Person, die eine markante Spur ihrer Tätigkeit hinterließ, und eine Person, an die niemand, aber auch niemand gedacht hatte. Diese Person war allen Hausbewohnern wohlbekannt — an jenem Morgen allerdings hatte sie keiner gesehen und gehört (sie besaß einen Hausschlüssel), da ja die Gäste und die Gastgeberin bis zum Mittag ihren Rausch ausschliefen. Ja, ja, so war's: Diese Person erschien, sah sich treusorgend um, entdeckte gnä' Frau wie ein Murmeltier schlafend in dem Fremdenzimmer und — erblickte das Geschmeide an gnä' Fraus Hals. Schnapp — weg war's, und — flugs — weg war auch die gewisse Person, auf Nimmerwiedersehen.
Aber die ordnungsliebende Seele hatte vorher — wie es ihrer Pflicht und Profession entsprach — die Überreste der opulenten Mahlzeit vom Abend vorher (Hummerschalen und so weiter) und die vielen leeren Flaschen zu den Mülleimern getragen — dahin, wo wir auf unseren Freund Heinrich trafen, just, als er diese inspizierte. Ja, ja, der ehrbaren Zunft der Raumpflegerinnen, sprich Putzfrauen, entspringt gelegentlich auch mal das eine oder andere schwarze Schaf.

Der stumme Diener

Der Diener hat um 16 Uhr Herrn Rubinson einen vergifteten Whisky serviert, von dem das Opfer aber erst sehr, sehr viel später den ersten Schluck nahm. Als ich in der Halle den Arzt und Zeus Weinstein anrufe, tauscht der dienstbare Geist rasch die Gläser aus, damit die Todesursache nicht feststellbar ist und auf Herzversagen geschlossen werden kann.
Getreu einer langjährigen Gewohnheit tut der Mensch wie immer Eis in den zweiten Drink, das man deutlich klirren hört, als Zeus Weinstein nach dem Glas greift.
Weinstein ist klar, daß er einen frischen Bourbon on the rocks in der Hand hält; das Eis des ersten, tödlichen, Drinks hätte in der Tropenhitze längst geschmolzen sein müssen.

Die Bombe tickt

Samson und Weinstein hätten, gleich, als sie die

Diele betraten, merken müssen, daß kurz vorher jemand in den Büroräumen gewesen sein mußte: Die Morgenzeitung des betreffenden Tages lag auf der Kommode und nicht (wie die Prospekte etc.) auf dem Boden unter dem Briefschlitz.

Ein starker Auftritt
Der Clown Pompom kam als Mörder nicht in Frage. Der Angegriffene hätte ihn nämlich beim besten Willen nicht als Clown identifizieren können, da Pompom weder Maske noch Kostüm trug — die Aussage des Gastwirts bestätigt das. Pompom war sozusagen in Zivil, und das Opfer (eigentlich sollte es der Zwillingsbruder sein) konnte ihn nicht persönlich kennen, weil er jahrelang im Ausland gelebt hatte. Also mußte sich jemand anders als Clown geschminkt haben, um den Verdacht von sich abzulenken.

Späte Gäste
Frau Greifzander hatte gelogen. Ihr Mann konnte nicht erst gegen 4 Uhr in der Frühe in den Garten gelaufen und dort erschossen worden sein, denn auf dem ausgestreckten Opfer lag frisch gefallener Schnee. Nach Saul Samsons Aussage hatte das Schneetreiben um 3 Uhr aufgehört. Wenn Frau Greifzander nicht die Wahrheit gesagt hat, mußte sie einen Grund dafür haben; sie selbst hat ihren Mann getötet und die Geschichte mit den Gangstern erfunden.

Die Zwillinge
Zeus Weinstein sah tatsächlich Ralph Schletzenbull vor sich, der die Stelle seines verunglückten Bruders eingenommen hatte, um in den Genuß der Erbschaft zu kommen. Die Zwillinge glichen sich zwar wie ein Ei dem anderen, nur den Scheitel trugen sie verschieden, Georg links und Ralph rechts. Einem oberflächlichen Betrachter mochte dieser kleine Unterschied bei dem Spiegelbild von Ralph entgangen sein.

Plötzlich im Wald
Christa Kusel und ihre Tante Emmi wollten den Onkel schröpfen und fingierten die Entführung. Christa packte sich gefesselt in die Baracke an der Kiesgrube und ließ sich von Weinstein »befreien«. Sie verriet sich dadurch, daß sie sagte: »Ich konnte nur mal die Güterzüge rattern . . . hören«, auf der nahen Bahnlinie nämlich. Sie kannte aber angeblich die Gegend nicht und war angeblich mit verbundenen Augen dorthin gefahren worden. Den Ausschnitt der Karte konnte sie natürlich auch nicht gesehen haben.